ENGLISH-SPANISH
GLOSSARY
OF TECHNICAL AND FORENSIC
BALLISTICS AND FIREARMS

GLOSARIO
ESPAÑOL-INGLÉS
DE BALÍSTICA TÉCNICA Y FORENSE
Y ARMAS DE FUEGO

Martín S. Blanco

iUniverse books may be ordered through booksellers or by contacting:

iUniverse
1663 Liberty Drive
Bloomington, IN 47403
www.iuniverse.com
1-800-Authors (1-800-288-4677)

ISBN: 978-1-4917-1469-0 (sc)
ISBN: 978-1-4917-1470-6 (e)

Printed in the United States of America.

iUniverse rev. date: 10/31/2013

iUniverse LLC
Bloomington

Dedico esta obra a mi esposa, Susana,
y a mis hijos, Diego y Lara.
Sin su insistencia nunca la hubiera logrado.

Y metiendo David su mano en el saco, tomó de allí una
piedra y tirósela con la honda, e hirió al Filisteo en la
frente: y la piedra quedó hincada en la frente, y cayó en
tierra sobre su rostro. 1 Sam. 17:49 RVA

And David put his hand in his bag, and took thence
a stone, and slang [it], and smote the Philistine in his
forehead, that the stone sunk into his forehead; and he
fell upon his face to the earth. 1 Sam. 17:49 KJV

CONTENTS-CONTENIDO

Introduction

For many years, I have been interested in Technical and Forensic Ballistics, and other topics related to my Court Interpreter profession, such as firearms, forensic medicine and the forensic sciences in general. More than anywhere else, these subjects shaped part of my life during my military service while serving in the US Army Third Armored Division, during the Persian Gulf War. Because of my English-Spanish bilingual condition, as part of my job I was confronted on a daily basis with the necessity to recognize many words. This is how my curiosity was awakened to study in every available source. I began to elaborate a list of words and phrases in English that were unknown to me and to compile them, because those subjects had a great importance to me. I kept doing the same later on through the study of Spanish language books and videos. I also consulted internet sites dealing with firearms, explosives and ballistics in both languages in order to verify the translation utilized in this terminology in the industry. Throughout this process I compared concepts with words, and I reflected upon the correct translation of each word and each phrase in the previous English language list.

I discovered in all the sources I researched that these topics where dealt with partially and there existed no binding work that dealt with the specifications they encompass. For this reason I decided to write this glossary that also contains a Bilingual Appendix of DNA Terms. In this endeavor I received the valuable advice of my sister, Dr. Josefina Blanco M.D. (Mexico) and my nephew, Marco Antonio Mendoza Blanco, MS Bioengineering (USA). This work also includes a bilingual appendix of fingerprint terminology and bilingual appendixes of slang names for guns.

This glossary contains translations of firearms and their diverse components; ammunition, and explosives; technical ballistics and its three subdivisions: internal, external and terminal ballistics; forensic ballistics, crime scene, and forensics laboratory terminology.

I hope this work will be of great use to my fellow Spanish Language Interpreters and Translators and to every person interested in firearms, ballistics and the forensic sciences.

INTRODUCCIÓN

Por muchos años me ha interesado la Balística Técnica y Forense, y también otros temas relacionados con mi profesión de Interprete Jurídico, como son las armas de fuego, la Medicina y las Ciencias Forenses en general. Estos temas formaron parte de mi vida dentro de la Tercera División Blindada del Ejército de los Estados Unidos, sobre todo durante la guerra del Golfo Pérsico. Como parte de mi trabajo me enfrentaba diariamente a la necesidad de reconocer muchísimas palabras debido a mi condición bilingüe en inglés y español. Fue así como se despertó mi curiosidad por estudiar en todas las fuentes disponibles, así que, ya que tenían gran importancia para mi estas materias, comencé elaborando una lista en inglés de palabras y frases que me eran desconocidas y a compilarlas. Posteriormente fui haciendo lo mismo a partir del estudio de los libros en español. Consulté también sitios de Internet en ambas lenguas que trataran sobre armas de fuego, explosivos y balística para comprobar la traducción utilizada de esta terminología en la industria. En este proceso fui comparando conceptos con palabras y reflexionando acerca de la correcta traducción de cada palabra y cada frase de la lista previamente elaborada en inglés.

Descubrí que estos temas estaban tratados de manera parcial en todas esas fuentes y que no existía una obra aglutinadora que recorriera las especificidades que abarcan, por lo que decidí escribir este glosario que contiene un apéndice bilingüe de términos de ADN. En este empeño recibí la valiosa asesoría de mi hermana, Josefina Blanco, Dra. en Medicina (México) y de mi sobrino, Marco Antonio Mendoza Blanco, Maestro en Bioingeniería (EEUU). Esta obra contiene también un glosario bilingüe de términos de huellas digitales y otro de nombres populares de armas de fuego.

Este glosario abarca traducciones de armas de fuego y sus diversos componentes, municiones y explosivos; balística técnica, balística interna, externa y de impacto; balística forense; terminología acerca del lugar de los hechos y del laboratorio forense.

Espero sea de gran utilidad para mis compañeros interpretes y traductores de inglés y español y para toda persona interesada en las armas de fuego, la balística y las ciencias forenses.

ENGLISH-SPANISH

TECHNICAL AND BALLISTIC FORENSICS AND FIREARMS

BALÍSTICA TÉCNICA Y FORENSE Y ARMAS DE FUEGO

0-9

2,4-dinitrotoluene. 2,4 dinitrotolueno
2-D tool-marks. Marcas bidimensionales de herramienta
2-nitroso-1-naphtol. 2 nitroso-1-naftol
3-D tool marks. Marcas tridimensionales de herramienta

A

Abate. Rebajar
Abatis. Abatida
Abnormal elongated bullet. Bala anormal alargada
Abraded. Escoriado, raspado
Abrasion ring. Anillo de abrasión, halo de contusión
Abrasion ring effect. Efecto de anillo de abrasión
Absolute alcohol. Alcohol absoluto
Accelerated radially away. Aceleró radialmente
Accuracy. Precisión
Accurate. Preciso
Acetic acid-dampened paper. Papel impregnado en ácido acético
Acetonitrile. Acetonitrilo
Acoustic impedance. Impedancia acústica
Acoustic velocity (velocity of sound). Velocidad acústica, velocidad del sonido
Action. Mecanismo
Adhesive stub. Cabo adhesivo

Adiabatic. Adiabático
Adiabatic flame temperature. Temperatura adiabática de llama
Adiabatic shearing. Cizallamiento adiabático
Adiabatic temperature change. Cambio adiabático de temperatura
Adjustable notched sight. Alza con muesca regulable
Adjustable pressure. Presión ajustable
Adjustable sight. Alza regulable
Aeroballistics. Aerobalística
Aerodynamic coefficient. Coeficiente aerodinámico
Aerodynamic force. Fuerza aerodinámica
Aerodynamic jump. Salto aerodinámico, anomalía aerodinámica
Aerodynamic lift. Sustentación aerodinámica
Aerodynamic nonlinearities. No-linealinidades aerodinámicas, aerodinámica no lineal
African red pepper. Pimiento rojo africano
Aft gunner. Ametrallador trasero
Agile. Ágil
Aim. Puntería
Aiming laser. Sistema de puntería láser
Air stream. Flujo de aire, vena de aire
Airgun. Arma de aire comprimido
Algorithm. Algoritmo
All-enveloping 'moon suit'. Overol (Méx), buzo, mono (Esp), mameluco (Arg), tipo traje de astronauta

Alloy. Aleación
Alpha-naphtol. Alfa-naftol
Alternator tensor. Alternador
tensorial
Alumina. Alúmina
Aluminum alloy. Aleación de
aluminio
Aluminum nitride. Nitruro de
aluminio
Ambidextrous. Ambidiestro
Ambidextrous safety catch. Seguro
de aleta ambidiestro
Ammo dump. Depósito de
municiones
Ammonium hydroxide solution.
Solución de hidróxido de amonio
Ammonium persulphate. Persulfato
de amonio
Ammunition. Municiones
Ammunition column. Columna de
municiones
Ammunition depot. Depósito de
municiones
Ammunition rank. Fila de
municiones
Amplitude of the motion.
Amplitud de movimiento
Analytical ballistics. Balística
analítica
Analyzing firearms evidence.
Análisis de pruebas de armas de
fuego
Angle of attack. Ángulo de ataque
Angle of attack of the projectile.
Ángulo de ataque del proyectil
Angle of departure. Ángulo de
proyección
Angle of descent. Ángulo de caída
Angle of elevation. Ángulo de
elevación
Angle of impact. Ángulo de
impacto
Angle of sideslip. Ángulo de
derrape, ángulo de resbalamiento
sobre el ala
Angle of yaw. Ángulo de guiñada

Angular acceleration. Aceleración
angular
Angular deceleration. Aceleración
negativa angular, deceleración o
desaceleración angular
Angular momenta. Momentos
angulares
Angular position. Posición angular
Anistropic. Anistrópico
Annular shaped area. Área de
forma anular
Anodizing. Anodización
Antimony. Antimonio
Antimony trisulphide. Trisulfuro de
antimonio
Anvil. Yunque (cartucho)
Aperture sight. Dióptero, dioptra
(telescopio)
Apex (zenith). Flecha, sagit
Applied pulse. Impulso aplicado
Aqueous buffer solution. Solución
acuosa buffer
Aqueous slurry process. Proceso de
mezcla espesa acuosa
Aqueous solution. Solución acuosa
Arclike flight path. Trayectoria de
vuelo en curva
Arm amplitude. Amplitud de radio
Armament. Armamento
Armor. Acorazado, blindado
Armor defeating tank gun loading.
Carga de tanque perforadora
antiacorazado
Armor electrician. Mecánico
electricista de armas
Armor piercing projectile.
Proyectil perforador de blindaje
Armor piercing shell (grenade).
Granada perforadora de blindaje
Armor-piercing loading. Carga
perforadora de blindaje
Armor-piercing projectile.
Proyectil perforador de blindaje
Assault weapon. Fusil de asalto
Assemble. Ensamblar, montar
Association of Firearm and

Tool Mark Examiners (AFTE).
Asociación de examinadores
de armas de fuego y marcas de
herramienta (AFTE)
Asymmetric sandwich.
Emparedado asimétrico
Atmosphere. Atmósfera
Attendant stress. Esfuerzo o tensión
concurrente
Attenuated shock wave. Onda de
choque atenuada
Atypical entry wound effect.
Efecto de orificio de entrada atípico
Autoloader. Automática
Autoloader pistol. Pistola
semiautomática
Autoloader rifle. Rifle o fusil
semiautomático
Averaged delamination.
Delaminación media
Avoirdupois system. Sistema
avoirdupois (avdp)
Axial distance. Distancia axial
Axial force. Fuerza axial
Axial symmetry. Simetría axial
Axially symmetric. Axialmente
simétrico
Axially symmetric body. Cuerpo
axialmente simétrico
Axially symmetric projectile.
Proyectil axialmente simétrico
Axis intercept. Eje de interceptación
Axis of detonation. Eje de
detonación
Axis of inertia. Eje de inercia
Axis of symmetry of bullet. Eje de
simetría de la bala
Axisymmetric. Axialmente simétrico
Axisymmetric behavior.
Comportamiento axialmente
simétrico
Azimuth. Horizonte

B

Back of the cylinder. Parte posterior
del tambor
Back of the hand. Dorso de la mano
Back sight leaf. Chapa de alza
Back sight slide. Corredera
Background colors. Colores de
fondo
Backing material. Material de
relleno
Backing plate. Placa de relleno
Back-scattered electrons.
Electrones de dispersión de retorno
Backspatter. Dispersión de retorno
Backspatter effect. Efecto de
dispersión de retorno
Backstrap. Dorso
Ball ammunition. Proyectil esférico
Ball of twine. Madeja de hilo torzal
(de vela)
Ball powder. Pólvora esférica
**Balling of shot gun pellets
(the pellets fuse together).**
Esferoidización de los perdigones
de escopeta
Ballistic curve. Curva balística,
trayectoria
Ballistic gel. Gelatina balística, gel
balístico
Ballistic limit. Límite balístico
Ballistic resistance. Resistencia
balística
Ballistic soap. Jabón balístico
Ballistician. Especialista o técnico
en balística
Ballistics. Balística
Balls. Postas
Bangalore torpedo. Torpedo
Bangalore
Bar mass. Masa de barra
Barium. Bario
Barium nitrate. Nitrato de bario
Barrel. Cañón
Barrel (bore). Ánima

Barrel blockage. Bloqueo o atascamiento del cañón

Barrel bulging. Ensanchamiento o comba del cañón

Barrel burst. Estallido del cañón

Barrel casing. Pared del cañón

Barrel chamber. Interior de la recámara

Barrel flip. Alzamiento del cañón

Barrel shank. Vástago del cañón

Barrel weight. Contrapeso del cañón

Barricade penetrating "Ferret" cartridge. Cartucho Ferret penetrador de barricadas

Barricade penetrating missile. Misil penetrador de barricadas

Bars (gas pressure measurement). Bares

Base. Culote

Base drag. Arrastre del culote (base)

Base pressure. Presión en el culote

Base wad. Taco de base (tiro de escopeta)

Basic expert examinations. Peritajes básicos

Bayonet. Bayoneta

Bayonet base. Casquillo de bayoneta

Bead. Cúspide del punto de mira

Beavertail. Cresta de empuñadura

Behind armor effect. Efecto detrás de la coraza o blindaje

Bell-like fitting. Acoplamiento de forma de campana

Belt. Cinta

Belt feed. Alimentación por cinta (ametralladora)

Belted. Con culote reforzado

Belted case. Vaina con culote reforzado

Bending stiffness. Rigidez a la flexión

Bending stress. Esfuerzo de flexión, tensión de plegado, trabajo de flexión

Bent fin. Aleta desviada o doblada

Berdan primer. Detonador Berdan

Beveled magazine. Cargador biselado, cargador achaflanado

Beveled rim. Reborde biselado

Beveled rimmed. Reborde biselado en la base

Bilinear coefficient. Coeficiente bilineal

Bilinear cubic fast mode. Modo rápido cúbico bilineal

Bilinear cubic slow mode. Modo lento cúbico bilineal

Bilinear curve. Curva bilineal

Bilinear moment. Momento bilineal

Bipod. Bípode

Birch. Haya

Birdshot. Mostacilla

Black chrome plating. Cromado negro

Black powder. Pólvora negra

Black rubber bullet. Bala de goma negra

Black smoke mark. Negro de humo

Blackening. Ahumamiento

Blackening mark. Marca de negro de humo, ahumamiento

Blade-like firing pin impression. Impresión del percutor en forma de navaja

Blank cartridge. Cartucho de fogueo

Blast. Explosión

Blast effect. Efecto de la explosión

Blast overpressure. Presión excesiva de la explosión

Blast wave of discharge. Descarga de la onda explosiva

Block stock. Culata de bloque

Blocking bar. Barra de bloqueo

Blocking or transfer bar. Barra de bloqueo o transferencia

Blood splash. Salpicadura de sangre

Blood stain. Mancha de sangre

Blood-free area of clothing. Área de la ropa libre de sangre

Bloodstained. Manchado de sangre

Blowback. Retroceso directo
Blue steel. Empavonado
Blue-black mark. Moretón
Blued. Pavonado
Blued steel. Pavonado
Blunderbuss. Trabuco
Blunt ended. Punta obtusa
Blunt nose. Punta plana
Blu-tack. Blu-tack
Boat-tail bullet. Bala cola de bote
Boat-tail soft point (BTSP). Punta blanda cola de bote
Bodered. Rayado
Body armor. Coraza
Body cavity. Cavidad corporal
Body of revolution. Cuerpo de revolución
Boiling acetone. Acetona de ebullición
Boiling under reflux. Ebullición bajo reflujo
Bolt. Cierre, cerrojo
Bolt action. Acción a cerrojo
Bolt action rifle. Rifle de cerrojo
Bolt block. Bloque de cierre
Bolt handle. Bola del cerrojo
Bolt head. Cabeza de cierre
Bolt housing. Caja del cerrojo
Bolt lug. Tetón de cierre
Bolt-action locking system. Sistema de cierre de cerrojo
Bone tissue. Tejido óseo
Bore. Anima (cañón)
Bore axis. Eje del ánima
Bore brush. Escobillón
Bore diameter. Diámetro interno del cañón
Bore friction. Fricción en la parte interna del cañón
Bored (true cylinder). Cañón con ánima
Boron carbide. Carburo de boro
Bottlenecked. Cuello de botella, abotellada, agolleteada (casquillo)
Bottom of the grip. Parte inferior de la empuñadura

Bottom of the slide. Interior de la corredera
Boundary condition. Condición límite
Boundary effect. Efecto límite, efecto fronterizo
Boundary layer separation. Cavitación
Bounded. Bordeado, ligado
Box key. Llave de caja
Box magazine. Cargador de petaca
Boxer type primer. Detonador Boxer
Bracket. Soporte, travesaño
Brass. Latón
Braze. Soldar
Break-open revolver. Revólver abatible
Breath. Respiradero
Breech. Recámara
Breech block. Bloque de recámara
Breech face. Parte anterior de la recámara, plano de cierre de la recamara
Breech face feature. Característica del plano de cierre de la recámara
Breech face impression. Impresión del plano de cierre de la recámara
Breech face mark. Marca o huella del plano de cierre de la recámara
Breech loading gun. Arma de retrocarga
Breech mean. Media de la recámara
Breech pressure. Presión en la recámara
Breechblock pattern. Impresión dejada por el bloque de la recámara
Breechloader. Retrocarga (arma de retrocarga)
Bridge above the cylinder. Puente sobre el tambor
Bright blue hue. Color azul brillante, coloración azul franca
Bright ferrous metal swarf. Virutas de metal ferroso brillante
Brittle. Quebradizo

Brittle failure. Resiliencia, resistencia
Bronze. Bronce
Brown-red azo-dye spot. Mancha de tinte azoico color rojo-marrón
Buckshot. Posta
Buckshot loading. Carga de escopeta
Buffer solution. Solución buffer
Buffeting effect of air resistance. Efecto vibratorio de la resistencia al aire
Bulk compressibility. Compresibilidad bruta
Bullet. Bala
Bullet abrasion. Rozamiento o abrasión causado por la bala
Bullet damage. Daño causado por la bala
Bullet geometry. Geometría de la bala
Bullet instability. Inestabilidad de la bala
Bullet jump. Desvío de la bala
Bullet matching. Confrontación de balas o proyectiles
Bullet mold, antique. Turquesa
Bullet part. Parte de una bala, componente de una bala
Bullet proof vest. Chaleco antibalas
Bullet shape. Forma de la bala
Bullet stability. Estabilidad de la bala
Bullet strike. Impacto de bala
Bullet tip. Punta de la bala
Bullet tracer capsule. Cápsula de bala trazadora
Bullet track. Trayecto de la bala
Bullet tumbling end over end. Volcamiento de la bala de punta a punta
Bullet type. Tipo de bala
Bullet yaw and stability in flight. Guiñada de la bala y estabilidad de vuelo
Bullet's flight. Trayecto de la bala

Bulletsmith. Fabricante de balas
Bull's eye. Diana, centro del blanco
Bunker. Silo, refugio subterráneo
Burn. Quemadura
Burning. Quemado
Burning magnesium ribbon. Tira de magnesio de combustión
Burning rate. Ritmo de quemado
Burning rate coefficient. Coeficiente de régimen de quemado
Burning rate constant. Constante de ritmo de quemado o combustión
Burnout. Quemadura, destrucción por incendio
Burst. Ráfaga corta
Burst gun. Arma de ráfaga corta
Butt. Culata
Butt plate. Cantonera

C

Calcium salicide. Siliciuro de calcio
Caliber-radius-head. Calibre-radio-cabeza (relación entre)
Cam. Resalte
Cane gun. Bastón arma
Cannelure. Anillo de lubricación
Canted. Inclinado, ladeado
Carbine. Carabina
Carbon. Carbono
Cargo. Carga
Cartesian coordinates. Coordenadas cartesianas
Cartridge base. Base de un cartucho
Cartridge belt. Canana
Cartridge case. Vaina, casquillo
Cartridge case body. Cuerpo (del casquillo)
Cartridge case head. Culote
Cartridge case neck. Gollete o cuello del cartucho
Cartridge extractor. Extractor de vainas
Cartridge hold (magazine). Cargador

Cartridge indicator. Indicador de cartucho
Cartridge manufacturers stamp. Sello del fabricante del cartucho
Cartridge. Cartucho
Carved bullet. Bala ranurada
Case. Casquillo, vaina, vainilla, funda
Case material. Material del casquillo
Case mouth. Boca de la vaina
Case type. Tipo de vaina
Casing. Casquillo, vaina, vainilla, funda
Casing comparison. Confrontación de vainas
Casing head. Culote, disco
Catch switch (magazine catch). Pulsador
Catch-up distance. Distancia de alcance
Cavitation bubble. Burbuja de cavitación
Cavitation. Cavitación
Cedar. Cedro
Center of gravity. Centro de gravedad
Center of gravity offset. Centro de gravedad desviado
Center of mass. Centro de la masa
Centerfire. Percusión central
Centerline. Eje lineal
Central axis. Eje central
Central ballistic parameter. Parámetro balístico central
Central fire control post. Puesto central de tiro
Centrifugal force. Fuerza centrífuga
Centrifugal loading. Carga centrífuga
Centripetal force. Fuerza centrípeta
Chamber. Recámara
Chamber block. Bloque de la recámara
Chamber diameter. Diámetro de la recámara
Chamber loaded. Retrocarga

Chambrage. Chambrage, relación entre el diámetro de la recámara con el diámetro del ánima del cañón
Chambrage gradient. Gradiente de Chambrage
Channel (primer). Canal de transmisión
Chapman-Jouguet solution. Solución Chapman-Jouguet
Charge. Carga
Charge burnout. Quemado de la carga
Charge to mass ratio. Relación carga-masa
Charger. Cargador tipo peine
Check. Comprobar
Checkered. Espoleado
Checkering. Cuadrillado (noun); cuadrillar (verb)
Checking. Comprobación
Checkpiece. Carrillera
Chemical and electrochemical etching. Decapado químico y electroquímico
Chemical and pyrotechnic specialist. Químico artificiero-polvorista
Chemical energy. Energía química
Chemical residues. Residuos químicos
Chloroacetophenone (CN). Cloroacetofenona (CN)
Chopped fiber composite. Compuesto de fibras desbarbadas
Chrome plating. Cromado
Circular rings. Anillos circulares
Claw of the hammer (flint lock). Presilla del martillo percutor
Claws (wheel-lock). Pinzas
Cleaning brush. Escobilla para la limpieza de los cañones
Cleaning rod. Lavador, baqueta
Cleaning tow. Estopa de limpieza
Cling. Pegarse, adherirse, ceñirse
Clinging. Pegado, ceñido
Clip. Cargador

17

Clip out (to). Liberar el cargador
Close-range gunshot. Disparo a corto alcance
Coal bunker. Carbonera
Coalesce. Fundirse
Coalescence. Coalescencia, fusión, unión
Cock. Martillo (noun); amartillar (verb)
Cocked fire mechanism. Martillo montado
Cocked hammer. Martillo montado
Coefficient of sliding friction. Coeficiente de rozamiento deslizante
Cohesive stress. Esfuerzo de cohesión
Coiled firing pin spring. Muelle helicoidal de la aguja percutora
Coiled spring. Muelle helicoidal
Collapse angle. Ángulo de pandeo
Colliding material. Material de choque
Combined arm. Arma combinada
Combustion. Combustión
Combustion phenomena. Fenómenos de combustión
Comminuted zone. Zona triturada o desmenuzada
Comminution. Trituración
Comminution handling model. Modelo de maniobrabilidad de trituración
Companion. Compañero
Comparison microscope. Microscopio de comparación
Compensator. Compensador
Completely cocked hammer. Martillo montado completamente
Completely covered with brass. Completamente chapado(a) en latón
Complex yaw angle. Ángulo complejo de guiñada
Composition board (celotex) panels. Paneles de tabla de composición (celotex)

Compressed. Comprimido
Compression shock. Choque de compresión
Compression shock Rayleigh line. Línea de Rayleigh de choque de compresión
Compression zones. Zonas de compresión
Compressive load. Carga de compresión
Compressive pulse. Pulso de compresión
Compressive wave. Onda de compresión
Computational ballistics. Cálculo balístico
Computational technique. Técnica de cálculo
Computer solution. Solución por computadora
Concave-up strain rate dependency. Dependencia de relación de deformación cóncava hacia arriba
Concentrated fire. Fuego concentrado
Concomitant instantaneous breech pressure. Presión de recámara instantánea concomitante
Cone shaped. Forma de cono
Cone. Desplazarse (los perdigones) en forma cónica (verb)
Conical form. Forma cónica
Conical fracture surface. Superficie de fractura cónica
Conical point bullet. Bala de punta cónica
Conical-shaped charge. Carga en forma cónica
Conoid. Conoide
Conoid semi-apex angle. Ángulo de semivértice conoide
Constant flow shear stress. Tensión de cizallamiento de flujo constante
Constant magnitude. Magnitud constante

Constant state. Estado constante
Constant volume calculation.
Cálculo de volumen constante
Constant volume detonation.
Detonación de volumen constante
Constitutive strength. Resistencia
constitutiva
Continuum. Continuo
Continuum mechanics. Mecánica
de continuo
Contour. Contorno
Control. Control
Conventional projectile. Proyectil
convencional
Cop killer. Bala mata policías, bala
perforadora
Copper. Cobre
Copper crusher gauge.
Dinamómetro de aplastamiento de
cobre
Coriolis drift. Deriva o desvío
de Coriolis, desvío por efecto
giroscópico
Correction. Corrección
Corrector factor. Factor de
corrección
Cosine. Coseno
Cosine terms. Términos
cosenoidales
Cotter pin. Chaveta
Cover. Funda
Co-volume. Covolumen
Cracking. Agrietamiento
Crater region. Región del cráter
Crime Scene bullet/projectile.
Proyectil problema
Crime scene reconstruction.
Reconstrucción del lugar de los
hechos
Crimp. Doblez, engarce
Crimping. Engarce
Cross section. Corte transversal
Crossover point. Punto de travesía
Crossrange direction. Dirección
perpendicular a la dirección de
vuelo o transmisión

Cross-sectional area. Área
transversal
**Cubic overturning moment
coefficient.** Coeficiente de
momento de vuelco cúbico
Cubic-drag coefficient. Coeficiente
de resistencia cúbica
Cupro-nickel. Cuproniquelado
Curvature. Curvatura
Curve. Curva
Curve-fit. Ajustamiento curvado
Curve-fitting. Ajuste curvado
Cut-away. Escotadura
Cylinder (revolver). Tambor
Cylinder axle (cylinder pin). Eje
del tambor, pasador central
Cylinder hand. Brazo del cilindro
Cylinder hand/pawl. Leva del
tambor
Cylinder latch. Pulsador de apertura
del tambor
Cylinder lock/up. Cierre del tambor
Cylinder lug. Orejeta
Cylinder stop. Tope del tambor
Cylindrical coordinates.
Coordenadas cilíndricas
Cylindrical geometry. Geometría
cilíndrica

D

Damaged bullet. Bala dañada
Damp. Amortiguar
Damping. Amortiguamiento
Damping exponent. Exponente de
amortiguamiento
Damping parameter. Parámetro de
amortiguamiento
Dark green coloration. Coloración
verde oscura
Database. Base de datos
Day-to-day analysis technique.
Técnica de análisis diario
Deactivation standards. Normas de
desactivación

Deadweight system. Sistema de peso muerto, sistema deadweight

Debris. Desechos, basura

Deceleration. Aceleración negativa, deceleración, desaceleración

Decoking/uncoking lever. Palanca de desmartillado

Deep penetration depth. Profundidad de penetración profunda

Deep penetration effect. Efecto de penetración profunda

Deeper impression. Impresión más profunda

Defeat. Destruir, derrotar

Defensive wound. Lesión de defensa

Deflagration. Deflagración

Deflection. Desviación, deflexión

Deformation gradient. Gradiente de deformación

Degree of choke. Grado de golleteado (choke)

Degree of choke boring. Grado de golleteado (choke) del ánima

Degree of freedom. Grado de libertad

Degree of retardation. Grado de retraso

Degree of spread of the shot charge. Grado de dispersión de la carga de escopeta

Delamination. Delaminado

Deoxyribonucleic acid (DNA). Ácido desoxirribonucleico

Depressed trigger. Gatillo o disparador presionado

Derivative. Derivada

Derringer double-barrel pistol. Pistola Derringer de dos cañones

Desensitized glossy photographic paper. Papel fotográfico brillante desensibilizado

Desensitized matte photographic paper. Papel fotográfico mate desensibilizado

Desensitized photographic paper. Papel fotográfico desensibilizado

Deterrent. Disuasor

Detonate. Detonar

Detonation. Detonación

Detonation front. Frente de detonación

Detonation physics. Física de detonación

Detonation side. Lado de la detonación

Detonation velocity ratio. Relación de velocidad de detonación

Detritus. Material de desecho (gangrenoso, infectado), arena fina

Deviate. Desviar

Deviating ammunition (ammunition deviation). Cambio de munición

Deviation (of projectile). Desviación (del proyectil)

Device. Dispositivo, artefacto

Diabolo air rifle pellets. Perdigones de rifle de aire comprimido, diábolos

Diaphragm burst. Ruptura del diafragma

Diazole (2-diazo4, 6, dinitrophenol). Diazole (2-diazo4, 6, dinitrofenol)

Dibenz(b,f)-1,4-oxazepin (CR). Dibenz(b,g)-1,4-oxazapino (CR)

Die marking. Marcación con tinta

Differential equation. Ecuación diferencial

Digital camera. Cámara digital

Dilatational wave. Onda de dilatación

Dimensionless distance. Distancia ilimitada

Dimensionless nature. Naturaleza ilimitada

Dimensionless turning rate. Frecuencia de giro ilimitado

Dinitrotoluene. Dinitrotolueno

Diphenylbenzidine. Difenilbenzidina

Direct fire projectile. Proyectil de fuego directo
Direct-fire mission. Misión de fuego directo
Direction of fire. Dirección del fuego
Direction of flight. Trayectoria de vuelo
Directional effect of blood splash. Efecto direccional de salpicadura de sangre
Disarm. Desarmar
Disassemble. Desmontar
Discarding Sabot wrappings. Envolturas de casquillo desechables Sabot
Discharge blackening effect. Efecto de ahumamiento por descarga
Discharge debris. Desecho de descarga
Discharge material. Material de descarga
Discharge powdering effect. Efecto de descarga de pólvora
Disconnector. Desconector
Discontinuity. Discontinuidad
Discretization. Discretización
Discretized. Discretizado
Disc-shaped (plomb disco). Forma de disco
Disengage. Desenganchar
Dispersal. Dispersión
Displacement. Desplazamiento
Disposable. Desechable
Dissociation. Disociación
Distal boundary. Límite distal
Distal boundary on penetration. Límite distal en la penetración
Distal surface. Superficie distal
Distance determination. Apreciación de la distancia
Distance of firing. Distancia del disparo
Distance-web fraction relationship. Relación distancia-fracción red

Distorted. Distorsionado, deformado
Distortion. Deformación, distorsión
Disturbance. Perturbación
Disuse. Desuso
Dithioxamide (rubeanic acid). Ditioxamida (ácido rubeánico)
Doppler shift. Corrimiento o desplazamiento Doppler
Double action. Doble acción
Double barreled. De dos cañones (fusil)
Double base smokeless propellant. Propulsor sin humo de base doble
Double rifle. Rifle Express
Double row magazine. Cargador de doble hilera
Double stage. Doble etapa
Double trigger. Doble gatillo
Double-0- shot (00 shot). Tiro doble cero
Double-action. Doble acción
Double-action only (DAO). Sólo doble acción
Double-action pistol. Pistola de doble acción
Double-action revolver. Revólver de doble acción
Double-base propellant. Propulsor de base doble
Double-sided adhesive tape. Cinta adhesiva de dos lados
Dovetail. Cola de milano
Downrange. Área de distancias (campo de tiro), zona a lo largo de la trayectoria (balística)
Downstream. Corriente abajo, aguas abajo, río abajo
Downward force. Fuerza descendente
Downward pull. Atracción descendente
Drachm. Dracma
Drag coefficient. Coeficiente de resistencia aerodinámica
Drag force. Resistencia aerodinámica

Dragging down. Resistencia al
avance, arrastre

Drams. Drams

Draw-stabilized projectile.
Proyectil estabilizado por la
resistencia aerodinámica

Dreyse needle-fire rifle. Rifle de
aguja percutora Dreyse

Drift. Desvío, deriva

Drift pin. Pasador

Drift/tumbling of the jet segments.
Desvío/volcamiento de segmentos
de chorros

Drill cartridge. Cartucho de
instrucción

DRUGFIRE (FBI). DRUGFIRE
(base electrónica de datos de
imágenes digitales de balas
disparadas y vainas percutidas)

Dry-fired weapon. Arma disparada
sin carga

Duck's foot pistol. Pistola pie de
pato

Ductile. Dúctil, maleable

Dull gray. Gris mate

Dull layer. Capa mate

**Dum Dum bullet (SP, HP, capped-
hollow cavity).** Bala expansibles
Dum Dum, punta hueca, SP, HP,
etc.

Dum-dum. Dum-dum, bala de
punta hueca

Dummy cartridge. Cartucho falso

Dummy variable. Variable artificial

Dynamic deflection. Desviación
dinámica

Dynamic equilibrium. Equilibrio
dinámico

Dynamic imbalance. Desequilibrio
dinámico

Dynamic stability. Estabilidad
dinámica

Dynamic stability factor. Factor de
estabilidad dinámica

E

Earth fixed axis. Eje terrestre fijo

**Earth referenced coordinate
system.** Sistema de coordenadas
terrestres

Edge of the cartridge case. Rebaje
del culote del cartucho

Efficiency ratio. Relación o razón de
eficiencia

Ejecta. Objetos expulsados,
eyecciones

Ejection mark. Marca de expulsión

Ejection port. Ventana de expulsión

Ejector. Expulsor

Ejector mark. Marca del eyector

Ejector rod. Varilla de expulsión,
barra del extractor

Ejector shroud. Mortaja de la barra
del extractor

Elastic. Elástico

Elastic body. Cuerpo elástico

Elastic region. Región de elasticidad
o flexibilidad

Elastic resistance. Resistencia a la
deformación, resistencia elástica

Elastic resistance of the skin.
Resistencia elástica de la piel

Elastic unloading wave. Onda de
descarga elástica

Elasticity modulus. Módulo de
elasticidad

Elastic-plastic interface. Interfaz
elástica-plástica

Elastomer plate. Placa de
elastómero

**Electro-chemical reductive
detector (EC).** Detector reductor
electroquímico

Electrodeposited copper coating.
Revestimiento de cobre depositado
por vía galvánica

Electron microscope. Microscopio
electrónico

Electronic piezo gauge. Indicador piezo electrónico
Electroplating. Pasivado
Ellipsoidal shape. Forma elipsoidal
Elusive. Escurridizo, evasivo
Elusive missile. Misil evasivo
Embedded. Empotrado, incrustado
Embrittlement (season cracking). Tendencia a la fragilidad
Emerging high-pressure powder gas. Gas de pólvora emergente a alta presión
Empirical constant. Constante empírica
Empty cartridge. Cartucho vacío
Empty shell casing. Casquillo vacío
End fitting. Ajuste o montaje de extremo
End of the trigger crawl. Final del recorrido del gatillo
End-user skill. Habilidad del usuario
Energa anti-tank bomb. Bomba antitanque Energa
Energetic missile. Misil energético
Energy. Energía
Energy density. Densidad de energía
Energy dispersive X-ray fluorescence detection. Detección de fluorescencia de rayos X de energía dispersiva
Energy equation. Ecuación de energía
Energy exchange. Intercambio de energía
Energy produced. Energía liberada
Engage (to). Encastrar
Engaged in recess. Encastrado en los rebajes
Enthalpy of formation. Entalpía de formación
Entropy. Entropía
Entry shot. Tiro de entrada
Entry site. Lugar de entrada
Entry wound. Herida de entrada, orificio de entrada
Epicyclic swerve. Viraje epicicloidal

Equation of motion. Ecuación de movimiento
Equation of state. Ecuación de estado
Equilibrium state. Equilibrio de estado
Equipment (unit, device). Aparato, aparejo
Erratic flurry of sound. Ráfaga errática de sonido
Etched/cut spiral grooves. Estrías en espiral grabadas/cortadas
Ethanol. Etanol
Ethyl acetate solvent. Solvente de acetato de etilo
Ethyl centralite. Centralita de etilo
Ethylene. Etileno
Eulerian coordinate system. Sistema de coordenadas eulerianas
Eulerian velocity. Velocidad euleriana
Everted. Volteado de adentro hacia fuera
Everted condition. Condición de estar volteado de adentro hacia fuera
Exhibit bag. Bolsa que contiene elementos de prueba
Exit shot. Disparo de salida
Exit wound. Herida de salida, orificio de salida
Expander. Expansor
Expanding bullet. Bala expansiva
Expansion chamber. Cámara de expansión
Expel. Expulsar
Exploit. Hazaña
Explosive. Explosivo
Explosive anti-armor munitions. Municiones explosivas antiblindaje
Explosive billet. Barra explosiva
Explosive brisance. Demolición o trituración explosiva
Explosive cargo. Carga explosiva
Explosive effect. Efecto explosivo

Explosive injury. Lesión o herida explosiva

Explosive mass/unit area. Área explosiva masa-unidad

Explosive material. Material explosivo

Explosive power. Poder explosivo

Explosive reactive armor. Blindaje reactivo antiexplosivo

Explosive selection. Selección explosiva

Explosive shell with impact fuse. Proyectil rompedor con detonador de impacto

Explosive wave shaping. Perfilación de onda explosiva

Explosively formed penetrator. Penetrador conformado explosivamente

Explosively formed projectile. Proyectil conformado explosivamente

Exponential damping coefficient. Coeficiente de amortiguamiento exponencial

Exponential damping term. Término de amortiguamiento exponencial

Expounded. Expuesto, explicado, comentado

Exsanguination. Exanguinación

Extended. Alargado, prolongado

Extension rod. Varilla (barra) de extensión

Extension of the barrel. Prolongación lateral del cañón

Exterior ballistics. Balística exterior

External ballistics computations. Cálculo balístico externo

External hammer. Martillo externo

Extractor. Extractor

Extractor hook. Uña

Extractor mark. Marca del extractor

Extractor star. Estrella extractora

Extractor with extractor spring. Extractor con su muelle

F

Factory swaged design. Diseño de estampado de fábrica

Failure mechanism. Mecanismo de falla

Failure model. Modelo de falla

Failure strength. Resistencia a la falla

Failure theory. Teoría de falla

Failure to extract/eject. Encasquillado

Falling block locking. Cierre de bloque, cierre por bloque

Falling block locking system. Sistema de cierre por rotación

Falling bullet. Bala descendente

Falling locking (transfer bar). Seguro de transporte

False entry wound. Orificio de entrada falso

False-match. Comparación falsa

Fast arm. Brazo o lado rápido

Fast burning. De quemado rápido

Fast-burning powder. Pólvora de quemado rápido

Fastener. Cierre

Faulty manufacturing bunter. Error garrafal de fabricación

FBI General Rifling Characteristics File. Archivo general de características de rayado del FBI

Feed. Alimentación

Felt wad. Taco de fieltro (tiro de escopeta)

Ferric chloride. Cloruro férrico

Ferrule. Virola

Fiber breakage. Rotura de fibras

Fiber reinforced composite. Compuesto reforzado por fibras

Figure of Merit. Cifra o factor de mérito

File. Lima

File off. Limar

File off the serial number. Limar los números de serie
Fill. Descarga
Filter paper. Papel filtro
Fin asymmetry. Asimetría de aletas
Fin masking. Enmascaramiento de aletas
Final state. Estado final, régimen final
Finite difference. Diferencia finita
Finite element technique. Técnica de elemento finito
Finite square shock pulse of wavelength. Pulso de choque cuadrado de longitud de onda
Finite thickness material. Material de grosor finito
Finned missile. Misil con aletas
Finned projectile. Proyectil con aletas
Fin-stabilized missile. Misil estabilizado por aletas
Fin-stabilized projectile. Proyectil estabilizado por aletas
Fire control. Dirección de tiro
Fire forming (ammunition). Formación de municiones
Fire selector switch. Selector de fuego
Firearm. Arma de fuego
Firearm related damage. Daño causado por el arma de fuego
Firecracker. Petardo
Firer. Disparador, tirador
Firing angle. Ángulo de tiro
Firing chamber. Recámara
Firing data. Datos de tiro
Firing distance. Distancia de fuego
Firing lug of the sear (sear's firing lug). Orejeta de disparo del fiador
Firing pattern. Rosa de dispersión de las municiones
Firing pin. Aguja percutora
Firing pin drag mark. Marca de arrastre de la aguja percutora

Firing pin safety. Seguro automático de la aguja percutora
Firing pin safety peg. Espiga de seguridad
Firing pin with firing pin spring. Aguja percutora con su muelle
Firing position. Posición de fuego
Firing range. Distancia de tiro
Firing rod (match lock). Varilla de disparo
Fit together. Acoplar
Fixed firing pin point. Sistema de percusión directa
Fixed plane. Plano fijo
Fixed rear sight leaf. Alza o mira posterior no ajustable
Fixed round. Disparo completo
Flake propellant. Propulsor o propelente en forma de hojuela
Flame hardened. Temple a la llama, endurecido a la llama
Flange. Pestaña
Flare. Cohete luminoso
Flash. Flamazo, llama, fogonazo
Flash channel. Oído
Flash hider. Bocacha apagallamas
Flash hole. Oído
Flash of the primer. Detonación del cebo
Flash suppression. Apagallamas
Flat point (FP). Punta plana
Flat point bullet. Bala punta plana
Flat sandwich. Emparedado plano
Flat shooting. Disparo horizontal
Flat shooting performance. Comportamiento de tiro horizontal
Flat-nosed lead pellet. Perdigón de plomo de punta plana
Flaw. Desperfecto
Flier from the main pattern. Perdigón separados de la dispersión principal
Flight behavior. Comportamiento de vuelo
Flight dynamic effect. Efecto de dinámica de vuelo

Flight path. Trayectoria de vuelo
Flimsy soft-point design. Diseño endeble de punta blanda
Flintlock. Llave de sílex
Floating pin firing pin. Aguja percutora flotante
Floor plate/butt plate. Talón de la empuñadura
Fluid (hydrodynamic) jet. Inyección hidrodinámica
Fluid dynamics. Dinámica de fluidos
Fluid mechanics. Mecánica de fluidos
Fluid mechanics analysis. Análisis de mecánica de fluidos
Focus. Centrar
Folding rule. Regla plegable, regla de carpintero
Fold-out. Bascular (revólver abatible)
Follower (magazine). Placa
Foot of the hammer. Base del martillo
Foot-pound. Pies-libras
Force vector changing. Cambio de vector fuerza
Forceps. Fórceps, pinzas
Forcible detachment. Desprendimiento forzado
Forebody. Cuerpo anterior
Forensic firearms examiner. Examinador forense de armas de fuego
Forensic scientist. Científico forense
Foresight. Punto de mira
Form factor. Factor de forma
Formalin. Formalina
Foster (a chemical reaction). Fomentar, promover (una reacción química)
Fouling in the bore. Atascamiento en el ánima del cañón
Fracture coalescence. Coalescencia de fractura

Fracture conoid. Conoide de fractura
Fracture nucleus. Núcleo de la fractura
Fracture surface. Superficie de la fractura
Fragment. Fragmento
Fragment drag coefficient. Coeficiente de resistencia de fragmentos
Fragment spray pattern. Modelo de pulverización de fragmentos
Fragmentation. Fragmentación
Fragmentation theory. Teoría de fragmentación
Fragmented jacket material. Material de camisa (envuelta) fragmentado
Frame. Armazón
Frangible. Frágil, frangible
Free acids. Ácidos libres
Free boundary. Límite libre
Free surface. Superficie libre
Free-fall velocity. Velocidad en caída libre
Friction. Fricción
Friction coefficient. Coeficiente de fricción
Friction resistance. Resistencia a la fricción
Front. Frente, frontal
Front face. Cuadrante frontal
Front sight. Mira delantera
Front sight. Punto de mira
Fry's reagent. Reagente de Fry
Full choke. Choke full
Full choke diameter. Diámetro de choke full
Full metal jacket (FMJ). Bala encamisada, bala blindada, bala con camisa completa
Fuller. Vaceo
Fully jacketed bullet. Bala completamente encamisada
Fuse. Detonador

G

Gadget. Artilugio
Gains. Ranuras, rayaduras
Gas cylinder. Bombona de gas (armas de aire comprimido)
Gas mass center. Centro de masa de gas
Gas pressure. Presión de los gases
Gas pressure locking. Cierre por presión de los gases
Gas retarded locking system. Sistema de cierre por presión de los gases
Gas stream velocity. Velocidad de caudal o flujo gaseoso
Gauge. Calibre, manómetro, indicador, medidor
Gauss's theorem. Teorema de Gauss
Gelatin block. Bloque de gelatina, dinamita goma
Gelatinization. Gelatinización
Geometric axis. Eje geométrico
Geometric axis unit vector. Vector unidad de eje geométrico
Geometric nonlinearity. Alinearidad geométrica
Gigapascal (Gpa). Gigapascal (Gpa)
Glowing fuse (match lock). Mecha incandescente
Grain-gram. Grano-gramo
Graphite. Grafito
Graticule adjuster screw. Tornillo para el ajuste del retículo
Gravity vector. Vector gravedad
Gray cast iron. Hierro gris de fundición
Grease gravees. Estrías de engrase
Great stopping force. Gran fuerza de parada
Greater penetrating power. Mayor poder penetrante
Griess test. Prueba de Griess
Grip. Empuñadura

Grip (on slide for pulling it back). Asidero
Grip panel. Cacha
Grip plate. Cacha
Grip safety. Seguro dorsal o de empuñadura
Groove. Muesca (para encajar)
Grooveless-rimless case. Vaina sin ranura ni reborde
Grooves. Estrías, acanaladuras
Grooves and lands. Estrías y campos, estrías y salientes, estrías y partes planas
Group of pellets (shot). Grupo de perdigones (tiro de escopeta)
Gun. Arma de fuego
Gun launch. Lanzamiento del cañón
Gun powder. Pólvora
Gun tube. Cañón
Gunboring. Barrenado o rayado de cañones
Gun-layer (aimer). Apuntador
Gunner. Ametrallador, cañonero
Gunpowder. Pólvora
Gunpowder mill. Fabrica de pólvora
Gunshot. Disparo con arma de fuego
Gunshot residue (GSR). Residuos resultantes del disparo de un arma de fuego, residuos de disparo de arma de fuego
Gunshot wound. Herida de bala
Gunsmith (armorer). Mecánico ajustador de armas
Gurney characteristic. Característica Gurney
Gurney characteristic velocity. Velocidad de característica Gurney
Gurney constant. Constante de Gurney
Gurney method. Método Gurney
Gyroscope. Giroscopio
Gyroscopic stability. Estabilidad giroscópica
Gyroscopic stability factor. Factor de estabilidad giroscópica

H

Half jacketed (HJ). Media camisa, media envuelta

Hair trigger (firing trigger). Disparador, gatillo

Half choke (shotgun bore). Medio choke, ½ choke

Half jacketed hollow point (JHP). Media camisa con punta hueca

Half-cock safety. Seguro de media monta

Half-jacket (HJ). Media camisa

Half-jacket hollow point (HJ-HP). Media camisa con punta hueca

Halo of discharged residues. Halo de residuos descargados

Halogen. Halógeno

Hammer. Martillo

Hammer (curved external). Perro o perrillo

Hammer spring. Muelle del martillo

Hammer spring guide. Guía del muelle del martillo

Hammer strut. Biela

Hammer uncocking mechanism. Mecanismo para desmontar

Hammerless action. Perrillo oculto

Hand swab. Muestra de la mano

Handguard. Guardamanos

Handgun bullet. Bala de arma corta, de pistola o de revólver

Handgun. Arma corta, pistola, revólver

Hand-held aerosol jetting canister. Bote de propulsión de aerosol a mano

Handle (magazine catch). Palanca

Handling gunshot residues. Manejo de residuos de disparos de armas de fuego

Hand-operated bolt. Cerrojo manual

Hard chrome plating. Cromado duro

Hard contact. Contacto duro

Hard cover. Cubierta dura

Hard penetrator core. Núcleo penetrador duro

Hard shot-shotgun pellet. Perdigón duro de escopeta

Hard tungsten alloy. Aleación de tungsteno duro

Hard wedge. Cuña dura

Hardened steel. Acero templado

Hardened steel truncated cone shaped penetrator. Penetrador cónico truncado de acero templado

Hardening agent. Agente de templabilidad

Harder/jacketed bullet. Bala más dura, encamisada

Head. Base del disco, culote

Head of the wave. Cabeza de onda

Headstamp. Marca de culote

Headstamp style. Tipo de marca de culote

Heat of detonation. Calor de detonación

Heat of reaction. Calor de reacción

Heat sink. Fuente fría

Heat treatment of the casing. Tratamiento de calor de la funda

Heat-exploded ammunition. Munición explotada (activada) por calor

Heavy assault rifle. Fusil automático pesado

Heavy caliber. Gran calibre

Heavy card. Tarjeta de papel grueso

Heavy charge. Carga pesada

Heavy rifle cartridge. Cartucho de rifle de gran calibre

Heavy weapon. Arma pesada

Heavy-walled. De paredes gruesas

Heel bullet. Bala talonada

Heel of the grip. Base de la empuñadura

Held back position. Posición retrasada

Helical manner. Manera o forma helicoidal
Helicoidal groove. Ranura helicoidal, nervadura helicoidal
Helicoidal striation direction. Sentido de giro del estriado helicoidal
Helix. Hélice
Hemispherical pin impression. Impresión hemisférica del percutor
Hemorrhagic tissue. Tejido hemorrágico
Hicam high-speed cine unit. Unidad cinematográfica ultrarrápida Hicam
High atomic number element. Elemento de número atómico alto
High compressive strength. Gran fuerza de compresión
High degree of penetrability. Alto poder de penetrabilidad
High explosive. Alto explosivo, explosivo de gran potencia
High explosive anti-tank (HEAT) missile. Misil antitanque de gran poder explosivo
High explosive fill. Carga de alto explosivo
High intensity. Alta intensidad
High loading rate. Alta proporción de carga
High Performance Liquid Chromatography (HPLC). Cromatografía de líquidos de gran funcionamiento
High performance liquid chromatography recorder. Registrador de cromatografía de líquidos de gran funcionamiento
High pressure. Alta presión, sobrepresión
High tensile stress. Gran esfuerzo de tensión o tracción
High velocity (HV). Alta velocidad
High velocity weapon. Arma de alta velocidad

High-density polyethylene wad. Taco de polietileno de alta densidad
High-energy change interaction. Interacción de cambio de gran energía
High-explosive armor-piercing shell. Proyectil perforador de alto explosivo
High-explosive shell. Granada de alto explosivo, proyectil rompedor
High-explosive shell-tracer. Proyectil explosivo trazador
Highly transient event. Suceso altamente transitorio
High-powered rifle. Rifle de alto poder
High-pressure powder gas. Gas de pólvora a alta presión
High-shock load. Carga de gran choque
High-speed cine photography. Fotografía cinematográfica ultrarrápida
High-speed cine X-ray. Rayo X cinematográficos ultrarrápidos
High-speed freeze-frame photography. Fotografía ultrarrápida de imagen congelada
High-speed triple flash photograph. Fotografía ultrarrápida de flash triple
Hilt. Empuñadura
Hinge point. Punto de giro
Hinged steel block. Bloque basculante de acero
Hit. Impacto, acierto, acción de dar en el blanco, acertar, dar en el blanco, hacer impacto
Hollow charge. Carga hueca
Hollow point bullet (HP). Bala punta hueca
Hollow tube. Tubo hueco
Hollowpoint Hornady special (XTP). Punta hueca especial Hornady

Hollowpoint Winchester special (SXT). Punta hueca especial Winchester

Home-made gun. Arma de fuego de fabricación casera

Homogeneous. Homogéneo

Homogenous part. Parte homogénea

Hooke's law. Ley de Hooke

Hoplology (study of weapons). Hoplología

Hot dye bath. Baño a tinta caliente

Hot-burning high-nitroglycerine double-base propellant. Propulsor de base doble de gran contenido de nitroglicerina de quemado a gran temperatura

Hugoniot elastic limit. Límite de elasticidad de Hugoniot

Hugoniot jump. Salto de Hugoniot

Humane killing device. Instrumento humano de matanza

Hume-Rothery solution. Solución de Hume-Rothery

Hydrochloric acid. Ácido clorhídrico

Hydro-code. Hidrocódigo

Hydrodynamic behavior. Comportamiento hidrodinámico

Hydrodynamic erosion. Erosión hidrodinámica

Hydrodynamic transition velocity. Velocidad de transición dinámica

Hydrofluoric acid. Ácido fluorhídrico

Hydrogen ion. Hidrogenión

Hydrogen peroxide. Peróxido de hidrógeno

Hydrostat. Hidrostato

Hyperbola. Hipérbola

I

Illuminating cartridge. Cartucho de señales

Illuminating shell. Proyectil especial de iluminación

Impact direction. Dirección del impacto

Impact point. Punto de impacto

Impact velocity. Velocidad al choque, velocidad de impacto

Impedance. Impedancia

Impedance shock. Impedancia al choque

Impedance shock propagation. Propagación de impedancia al choque

Imperial ft/lb unit. Unidad pie-libra imperial

Impinge. Incidir sobre, golpear, chocar con

Impression on the bottom of the casing. Impresión en el culote

Improved. Mejorado

Improved cylinder. Tambor perfeccionado

Improved modified choke diameter. Diámetro de choke modificado perfeccionado

Inaccuracy. Imprecisión

In-bore dynamics. Dinámica en el ánima del cañón

Incapacitating/intolerable concentration (IC). Concentración incapacitante/intolerable (IC)

Incapacitation. Incapacitación

Incendiary cartridge. Cartucho incendiario

Incendiary grenade (shell). Granada incendiaria

Incidence of Ricochet. Incidencia de rebote

Incident shock. Choque incidente

Incident stress. Tensión incidente

Incident wave. Onda incidente

Incident-related ammunition. Municiones relacionadas con el incidente

Incipient spall threshold. Límite de resquebrajamiento incipiente

Incompressible fluid. Fluido incompresible

Increased hardness. Dureza elevada, gran dureza

Indelible marker. Marcador indeleble

Indicator. Indicador

Individualizing striations. Estrías individualizadas

Induced flow. Flujo inducido

Induced velocity. Velocidad inducida

Induction Coupled Mass Spectroscopy (ICPMS). Espectrografía de masa de acoplamiento inductivo

Industrial nail gun. Martillo neumático industrial

Industrial stud gun. Martillo de disparo, herramienta activada por pólvora

Infinite dwell. Parada infinita de movimiento

Infinite wave. Onda infinita

Inflow. Entrada, influjo

Infrared photography. Fotografía infrarroja

Infrared-rich light source. Fuente de luz infrarroja rica

Ingalls-Siacchi expression. Expresión Ingalls-Siacchi

Initial delamination. Delaminado inicial

Initial density. Densidad inicial

Initial dwell. Parada de movimiento inicial

Initial examination. Examen inicial

Initial fragment velocity. Velocidad inicial de fragmentos

Initial yaw. Guiñada inicial

Innumerable collisions. Choques incontables, colisiones innumerables

Inorganic nitrite. Nitrito inorgánico

Inorganic primer residues. Residuos inorgánicos del cebo

Inspection window. Ventana de inspección

Instantaneous projectile velocity. Velocidad instantánea del proyectil

Integral compensator. Compensador integrado

Integrated Bullet Identification System IBIS-BATF (Bureau of Alcohol, Tobacco and Firearms). Sistema integrado de identificación de balas del BATF (oficina federal de administración de alcohol, tabaco y armas de fuego)

Intended victim. Pretendida víctima, víctima pretendida

Intense shear. Cizallamiento intenso

Interface. Interfaz

Interface defeat. Destrucción de interfaz

Interior ballistics. Balística interior

Interlaminar shear strength. Tensión de cizallamiento ínter laminar

Intermediate ballistics. Balística intermedia

Intermediate cartridge. Munición intermedia

Intermediate thickness target. Blanco de grosor intermedio

Internal diameter. Diámetro interno

Internal dissipation. Disipación interna

Internal exit surface (beveling). Parte interna de la superficie de salida

Internal part of rifled barrel. Ánima del cañón

International Metric System (SI). Sistema métrico internacional

Interpolation. Interpolación

Inviscid fluid. Fluido no viscoso

Iron sight. Mira metálica

Isentrope. Isentropa

Isentropic. Isentrópico, isentrópica

Ivory colored plastic polyurethane bullet. Bala de poliuretano plástico color marfil

J

Jacket transition. Transición del encamisado, desprendimiento de la camisa

Jacketed hollow point (JHP). Encamisada y punta hueca

Jacketed soft point (JSP). Encamisada y punta blanda

Jarring action. Acción trepidante o vibrante

Jet. Chorro, vena fluida, inyección, reacción (noun); lanzar, emitir a chorro, salir a chorro (verb)

Jet effect. Efecto de lanzamiento de chorro a presión

Jet mass. Masa del chorro

Jet velocity. Velocidad de reactor, velocidad del chorro

Jet waver. Movimiento anómalo del chorro

Jolt. Sacudida

Joule. Julio

Jump angle. Ángulo de salto

Jump discontinuity (von Neumann spike). Discontinuidad de salto (punta de von Neumann)

K

Kassel Mayer test. Prueba de Kassel Mayer

Kelvin scale. Escala Kelvin

KeV (thousands of electron volts). KeV (miles de electrovoltios)

Key finding. Hallazgo fundamental

Kilogram-meter (Kpm). Kilográmetro (Kpm)

Kinetic energy. Energía cinética

Kinetic energy (KE) long-rod. Vástago largo de energía cinética

Kinetic energy bolt. Salto rápido de energía cinética

Kistiakiwsky-Wilson (K-W) equation of state. Ecuación de estado de Kistiakiwsky-Wilson (K-W)

KM solution. Solución KM

Kneading effect. Efecto de amasar

Knock down power. Poder de derribar

Kronekcker delta. Delta Kronekcker

L

Laboratory-fired bullet. Proyectil testigo

Laboratory workbench. Mesa de trabajo de laboratorio

Laceration. Laceración

Lachrymator. Lacrimógeno

Lagrange approximation. Aproximación de Lagrange

Lagrange gradient. Gradiente de Lagrange

Lagrangian coordinate system. Sistema de coordenadas de Lagrange

Lagrangian frame. Cuadro de Lagrange

Lamé constant. Constante de Lamé

Lamé parameter. Parámetro de Lamé

Lamina. Lámina

Laminar velocity. Velocidad laminar

Laminate. Laminado, laminar (verbo)

Land. Pared del anima

Land impressions. Impresiones (huellas) de los campos

Lands (high parts). Campos (partes salientes del ánima del cañón)

Lands' upright edges. Extremos de las estrías del ánima

Lanyard ring. Anilla porta correas
Large caliber pistol. Pistola de gran
calibre
Large gauge shotgun. Escopeta de
gran calibre
Large leaf spring. Muelle rígido
**Large-caliber heavyweight bullet
loading.** Carga de balas pesadas de
gran calibre
Laser sight. Mira láser
Laser-projector teodolite.
Teodolito de rayo láser,
distanciómetro electro óptico de
rayo láser
Latch (catch). Pestillo
Lateral crack. Fisura o grieta lateral
Lateral free surface. Superficie
lateral libre
Lateral gas pump-through effect.
Efecto de bombeo de gas por los
costados
Lateral throwoff. Sacudida lateral,
desprendimiento lateral
Law of conservation of energy.
Ley de la conservación de energía
Law of diminishing returns. Ley de
rendimientos decrecientes
Lead. Plomo
Lead alloy bullet. Bala de aleación
de plomo
Lead ball. Perdigón de plomo
Lead bullet. Bala de plomo
Lead dioxide. Dióxido de plomo
Lead oxide. Óxido de plomo
Lead peroxide. Peróxido de plomo
Lead round nose (LRN). Cabeza
redonda de plomo
Lead Semi-wadcutter (LSWC).
Semi-wadcutter de plomo
Lead shot. Perdigón de plomo
Lead sphere. Esfera de plomo
Lead styphnate. Estifnato de plomo
Lead wipe. Emplomado
**Lead/heavy metal-free primer
formulation.** Fórmula de cebos sin
plomo/metales pesados

Lead-filled apron. Mandil o
delantal relleno de plomo
Lead-free Blazer ammunition.
Munición Blazer sin plomo
Leading. Emplomamiento
Leading edge of the shock. Arista
de acción del choque
Leather strap. Correa de cuero
Leaves of the plastic wad. Hojas
del taco de base de plástico
**Left (counterclockwise) twist
striations.** Estrías con sentido de
giro a sinistrorsum
Left/right hand safety-catch.
Palanca ambidiestra de seguro
manual
Left-going Hugoniot. Hugoniot
hacia la izquierda
Left-going shock. Choque hacia la
izquierda
Left-going wave pressure. Presión
de onda hacia la izquierda
Length. Duración, longitud
**Length to diameter ratio of the
projectile.** Relación entre la
longitud y el diámetro del proyectil
Lengthwise holes. Perforaciones
dispuestas longitudinalmente
Lethality. Letalidad
Lever. Palanca
Lever principle. Principio de
palanca
Lever-action. Acción de palanca
Lever-action rifle. Rifle de palanca
Lever-cocking air rifle. Rifle de
palanca de aire comprimido
Lift force. Fuerza de sustentación
Light firing pin mark. Marca ligera
de la aguja percutora
Light gun. Arma ligera
Light handgun. Arma corta ligera
Lighter charge. Carga aligerada
Lightning-strike kill weapon. Arma
de aniquilación instantánea
Like waves. Ondas iguales

Limit velocity. Velocidad límite, límite de velocidad
Limit-cycle motion. Movimiento de ciclo limitado
Limit-cycle yaw. Guiñada de ciclo limitado
Line of bore. Eje del anima
Line of departure. Línea de partida
Line of fire. Línea de fuego
Linear behavior. Comportamiento lineal
Linear choke. Choke lineal
Linear momentum. Momento lineal
Linear slope. Pendiente lineal
Linear tapered choke. Choke cónico lineal
Linearized aeroballistics. Aerobalística lineal
Linearized pitching. Paso linealizado, declive linealizado
Liner. Blindaje, envuelta, forro
Linger. Quedarse
Linotype alloy. Aleación de linotipo
Live cartridge. Cartucho bueno
Load. Cargar
Load displacement curve. Curva de desplazamiento de carga
Loaded manually. Introducida en la recámara manualmente
Loader. Cargador
Loading. Carga
Loading gate safety. Seguro de ventana de carga
Local inhomogeneity. Deshomogeneidad local, desigualdad local
Locating lever for the firing pin safety. Palanca guía del sistema de seguridad de la aguja percutora
Location (site, station). Ubicación
Location of impact. Ubicación del impacto
Lock. Cerrojo
Lock up safety. Sistema de cierre
Locked (as in locked in the frame). Bloqueado

Locked (firearm). Montada
Locked density. Densidad bloqueada
Locked lug. Resalte de bloqueo
Locking system. Sistema de cierre, mecanismo de cierre
Locking system roller. Rodillo de sistema de cierre
Lock-up system. Sistema de bloqueo por sí mismo
Locust blossom odor [of chloroacetophenone (CN)]. Olor de flor de acacia [cloroacetofenona (CN)]
Logarithmic decibel scale. Escala logarítmica de decibelios
Long axis of the bullet. Eje longitudinal de la bala
Long course. Recorrido largo
Long gun. Arma larga
Long shot-column. Columna larga de tiro de escopeta
Long slit (vented barrel). Hendidura longitudinal
Long thin probe. Varilla larga delgada
Longitudinal (dilatational) wave. Onda longitudinal (de dilatación)
Longitudinal crack. Fisura longitudinal
Longitudinal impact of force. Impacto longitudinal de fuerza
Longitudinal tool mark. Marca longitudinal de herramienta
Longitudinal wave speed. Velocidad longitudinal de onda
Long-range fire. Fuego a larga distancia
Long-range target shooting. Tiro al blanco a gran distancia
Loop of cord. Cuerda
Love shear wave. Onda de cizallamiento de Love
Low angle of incidence. Bajo ángulo de incidencia
Low tensile strength. Baja carga de rotura

Low velocity weapon. Arma de baja velocidad

Low-carbon-content soft iron shot. Tiro de escopeta de hierro dulce de bajo contenido de carbono

Low-density powder charge. Carga de pólvora de baja densidad

Low-energy air rifle pellet. Perdigón de rifle de aire comprimido de baja energía

Lower mass fragments. Fragmentos de masa más baja

Low-power stereo microscope. Microscopio estéreo de baja potencia

Low-powered stereo bench microscope. Microscopio estéreo de banco de baja potencia

Lubricant. Lubricante

Lubricate. Lubricar, engrasar

Lubricated plain lead revolver bullet. Bala de plomo común lubricada para revólver

Lubrication ring. Anillo de lubricación

Lug (in a yoke). Orejeta

Lug for the lock-up safety. Rebaje del seguro de cierre

Lug on the sear. Resalte del fiador

Lug (locking mechanism). Resalte

Lunge's reaction. Reacción de Lunge

M

Mach number. Número Mach

Mach band (velocity region). Lista mach, grupo de velocidades Mach

Machine gun. Ametralladora, subfusil

Machine gun ammo belt. Cinta de carga

Machine gun barrel. Cañón de ametralladora

Magazine. Cargador

Magazine catch. Retén del cargador

Magazine catch (beneath the grip). Cargador en la parte inferior de la empuñadura

Magazine housing. Receptáculo

Magazine port. Alojamiento del cargador

Magazine safety. Seguro del cargador

Magazine spring. Muelle del cargador

Magazine/cartridge hold. Cargador

Magazine-induced mark. Marca inducida por el cargador

Magenta colored spot. Mancha color magenta

Magnaflux. Magnaflux

Magnet. Imán

Magnification. Ampliación

Magnus moment. Momento Magnus

Main charge (match lock). Carga principal

Mainspring. Muelle real

Maize cellulose. Celulosa de maíz

Manually operated arm. Brazo operado a mano

Manufacturing tolerance. Tolerancia de fabricación

Margin of the bullet entry wound. Margen de la herida de entrada de la bala

Marker. Marcador

Marking. Señalización

Mark. Marca

Marshall's Reagent [N-(1-naphtyl)-ethylene-diamine]. Reagente de Marshall [N-(1 naftil)-etileno-diamina]

Mass asymmetry. Asimetría de masa

Mass asymmetry vector. Vector de asimetría de masa

Mass property. Propiedad de la masa

Mass to charge (m/c) ratio. Relación masa-carga

Mass unit. Unidad masa

Massed fire. Fuego pasivo
Massless. Sin masa
Match lock. Llave de mecha
Match pistol. Pistola de competición, pistola de tiro deportivo
Matching pattern. Diseño o patrón concordante
Matching rifling pattern. Diseño de rayado concordante
Material behavioral change. Cambio en el comportamiento del material
Material hardness. Dureza del material
Material response model. Modelo de respuesta de materiales
Material strength. Resistencia de materiales
Material velocity. Velocidad del material
Matrix cracking. Cisuración matricial
Maximum dispersion of the bullets. Dispersión máxima de las balas
Maximum permissible barrel pressure. Presión de cañón máxima permisible
Maximum pressure. Presión máxima
Maximum range. Alcance máximo
Maximum range cartridge. Cartucho de alcance máximo
Mean free path. Trayectoria libre intermedia
Mean motion. Movimiento medio o intermedio
Mean point of impact. Centro de tiro
Mean pressure. Presión media o intermedia
Mechanical fault. Falla mecánica
Mechanism of drag. Mecanismo de resistencia
Melt layer. Capa fundida

Membrane filter. Filtro membrana
Mercury fulminate. Fulminato de mercurio
Metal crimp. Engarce metálico
Metal head casing. Vaina de metal
Metal mass/unit area. Unidad de área metal-masa
Metal plate. Placa metálica
Metal-free explosive material. Material explosivo no metálico
Metallic cartridge case. Cartucho de vaina metálica
Metallic target. Blanco metálico
Methanol aqueous phosphate (pH3). Fosfato acuoso de metanol (pH3)
Methyl centralite. Centralita de metilo
Metric ammunition catalog. Catálogo de municiones métricas
Metric energy value. Valor métrico de energía
Micro-cracking model. Modelo de micro fisuras
Micro-cracks nucleation. Nucleación de microfisuras
Micro-groove. Micro estría
Micro-grooving. Micro rayado
Micrometer. Micrómetro
Micrometer sight. Alza micrométrica
Microphotography. Microfotografía
Microprobe analytical facility. Equipo (instalación) analítico de microsonda
Microprobe facility. Equipo (instalación) de microsonda
Microstructure. Micro estructura
Middle of the foot of the cartridge case. Centro de la base del cartucho
Middle rotation point of the toggle. Punto medio de rotación de la palanca
Migrant bullet/projectile. Proyectil migrador

Mil. Milímetro
Mild steel. Acero dulce
Military jacketed Spitzer style rifle bullet. Bala de rifle estilo Spitzer encamisada de orden militar
Military pistol. Pistola militar
Mineral fiber. Fibra mineral
Mini-Maglite. Mini-Maglite (lámpara de mano)
Minimal lead binder. Aglomerante mínimo de plomo
Minimum perforation velocity. Velocidad mínima de perforación
Minimum safety distance. Distancia mínima de seguridad
Minimum trigger pull value. Valor mínimo de tiro de gatillo
Minute of angle. Minuto de ángulo
Misfire mark. Marca de falla de tiro, impresión de falla de fuego
Misfire. Falla de tiro, falla de fuego
Missile blow-up effect. Efecto de explosión del misil
Missile wound site. Asiento de la lesión del misil
Mixed mode jet behavior. Comportamiento de reacción a chorro de modo mixto
Mixed mode jet. Reacción a chorro a modo mixto
Modified choke. Choke modificado
Modified choke diameter. Diámetro de choke modificado
Modulus of elasticity. Módulo de elasticidad
Mohr-Coulomb criterion. Criterio de Mohr-Coulomb
Mohr-Coulomb theory. Teoría de Mohr-Coulomb
Mohr-Coulomb yield criteria. Criterios de deformación de Mohr-Coulomb
Moistening agent. Agente humectante
Mold. Matriz, molde
Molded. Moldeado

Mole fraction. Fracción molar
Molecular weight. Peso molecular
Molecule. Molécula
Moles of gas. Moles de gas
Molten droplets. Gotitas derretidas
Moment of inertia. Momento de inercia
Momentum conservation. Momento de conservación
Momentum Equation for Imparted Impulse. Ecuación de momento de impulso impartido
Mortuary dedicated Wellington boots. Botas Wellington para funeraria
Mother of pearl. Nácar
Mould mark. Marca de molde
Moving shock. Choque desplazante
Moving target. Blanco móvil
Moving target indicator. Indicador de blanco móvil
Muffle. Silenciar
Multi-ball cartridge. Cartucho multibala
Multi-hit situation. Situación de impactos múltiples
Multileaved plastic sabot. Sabot de hojas múltiples
Multiple satellite injuries. Heridas satelitales múltiples
Murder scene residence. Residencia del lugar donde ocurrió el asesinato
Mushrooming. Adquisición de forma de hongo
Musket. Mosquete
Muzzle. Boca del arma, boca de fuego
Muzzle blast. Rebufo
Muzzle brake. Compensador de la boca del cañón
Muzzle brake venting. Emisiones por el compensador
Muzzle device effect. Efecto del compensador
Muzzle exit. Salida de boca
Muzzle flash. Fogonazo

Muzzle flip. Reelevación
Muzzle loaded. Avantacarga,
avancarga
Muzzle loader. Avancarga,
avantacarga; arma de avantacarga
Muzzle-to-target distance.
Distancia entre la boca del cañón y
el blanco
Muzzle velocity. Velocidad de boca,
velocidad inicial

N

Naphtyl. Naftilo
**Narrow peaked time pressure
curve.** Curva de presión de tiempo
máximo fugaz
Narrow steel strip. Tira delgada de
acero
**National Ballistics Identification
Network (NIBIN).** Red nacional
de identificación balística (NIBIN)
**National DNA Database
(NDNAD).** Base de datos nacional
de ADN
Near contact shot. Tiro a quemarropa
Near-level flight. Vuelo (trayectoria)
casi a nivel (paralelo)
Near-spherical. Casi esférico (a)
Neck. Gollete, cuello
Neck size. Recalibrado parcial de la
vaina
Necked case. Vaina con gollete
Necked conical case. Vaina cónica
con gollete
Necked cylindrical case. Vaina
cilíndrica con gollete
Necropsy. Necropsia
Neglecting recoil. Eliminación de
retroceso
Net stress. Carga, esfuerzo o tensión
netos
Net stress particle velocity.
Velocidad neta de esfuerzo de
partícula

Net velocity. Velocidad neta
Neutral axis. Eje neutro
Neutron activation. Activación
neutrónica
Newton's Second Law of Motion.
Segunda ley de movimiento de
Newton
Nick. Hendidura, muesca
Nicked. Mellado
Nickel. Níquel
Nickel jacketed bullet. Bala con
camisa de níquel
Nickel plating. Niquelado
Nitric gas. Gas nítrico
Nitrocellulose. Nitrocelulosa
Nitroglycerin. Nitroglicerina
Noise Reduction Ratio (NRR).
Relación de reducción de ruido
Nominal velocity. Velocidad
nominal
Non-corrosive primer formulation.
Fórmulas de revestimientos no
corrosivos
**Non-deforming smooth ogival
nose.** Punta ojival suave no
deformadora
Nondimensionalization.
Inmensurabilidad
Non-lead material. Material sin
plomo
Non-lethal effect. Efecto no letal
Nonlethal type. Tipo no letal
Nonlinear aeroballistics.
Aerobalística alineal
Nonlinear drag. Resistencia
aerodinámica alineal
Nonlinear drag coefficient.
Coeficiente de resistencia
aerodinámica alineal
Nonlinear force. Fuerza alineal
Nonlinear moment. Momento
alineal
Nonlinearity. Alinealidad
Non-penetrating hit. Impacto no
penetrante, golpe impenetrante
Non-penetration. Impenetración

Non-perforation. Imperforación
Non-reacting material. Material irreactante
Non-reacting shock. Choque irreactante
Non-reacting solid. Sólido irreactante
Non-slip rubber. Goma antideslizante
Non-spinning (statically stable). Sin animación (estáticamente estable)
Non-spinning projectile. Proyectil sin animación, inanimado
Non-woven cotton cloth swab (Litex 10). Aplicador con punta de algodón no tejido (Litex 10)
Nonzero. No nulo, distinto a cero
Normal circular shot spread. Rosa de dispersión de perdigones casi circular
Normal near circular pattern. Modelo, patrón o configuración casi circular normal
Nose fuse. Espoleta de ojiva
Nose motion. Movimiento de la punta del proyectil
Nose of the hammer. Prolongación de la cabeza del martillo
Notch. Muesca, hendidura
Notch (to hold the spring). Muesca para la fijación del muelle
Nucleation. Nucleación
Nutation frequency. Frecuencia de nutación
Nylon. Nilón, nylon

O

Obliquity of impact. Oblicuidad de impacto
Obstruction. Obstrucción
ODS-Hypersil. ODS-Hypersil
Offending mark. Marca o huella ofensora

Offsetting errors. Compensación, neutralización, abatimiento de errores
Ogival nosed projectile. Proyectil de punta ojival
Ogive. Ojiva
Ogive angle. Ángulo ojival
Ogive radius. Radio de la ojiva
Ogive/bourrelet transition. Transición ojiva-bourrelet
Old smoothbore rifle. Rifle de cañón sin ánima
Oleoresin Capsicum. Oleorresina Capsicum
Olive green coloration. Coloración verde oliva
Olympic rapid-fire pistol shooting discipline. Disciplina olímpica de tiro rápido con pistola
One-dimensional flow. Flujo unidimensional
Onrush. Embate
Open tipped. Punta abierta
Open-faced sandwich configuration. Configuración de emparedado de frontal abierto
Opening. Abertura
Operated manually. Accionado a mano
Operating pin. Espiga del bloque
Operational mark. Marca de funcionamiento
Optical aim point sight. Mira con punto de referencia
Optical red dot. Punto óptico de color rojo
Optimum range. Alcance eficaz
Orange colored azo-dye. Tinte azoico color naranja
Ordnance gelatin. Gelatina de artillería
Ordnance plant. Planta de artillería
Organic polymer. Polímero orgánico
Organic propellant residues. Residuos de propulsores orgánicos

Original surface. Superficie original
Orthochlorbenzalmalononitrile (CS). Ortoclorobenzalmolononitrilo (CS)
Orthotropic. Ortotrópico
Oscillate. Oscilar
Oscillatory. Oscilatorio
Outflow. Efluente
Outside lubricated. Lubricación externa
Outstanding Crimes Files. Archivos de crímenes sin resolver
Overdriven. Sobre multiplicado
Overdriven detonation wave. Onda de detonación sobre multiplicada
Overlying tendency. Tendencia a cubrir, recubrir, tenderse por encima
Overpressure. Sobrepresión
Overtravel (trigger stop). Sobrecarrera
Overturning. De volteo, de volcamiento, de inversión
Overturning force. Fuerza de volteo, de inversión
Overturning moment. Momento de volteo, de inversión
Overturning tendency. Tendencia a volcarse
Oxidizer. Oxidante
Oxidizing agent. Agente oxidante

P

Pan powder (match lock). Cazoleta
Pale straw color. Color paja pálida
Paraffin. Parafina
Paraffin test. Prueba de la parafina
Partial penetration. Penetración parcial
Partially consumed powder grains. Granos de pólvora parcialmente consumidos
Particle path. Trayectoria de la partícula

Particle velocity. Velocidad de la partícula
Particulation. Particulación
Particulation jet. Propulsión particulada
Pass-through. Pasaje (noun); pasar por, aguantar (verb)
Passage of a bullet. Paso de una bala
Pathologist. Patólogo
Pathologist's report. Informe del patólogo
Pattern. Configuración, diseño, impresión, marca, modelo, patrón
Pattern quality. Calidad el modelo, patrón, diseño
Pattern spread. Rosa de dispersión de las municiones
Pattern spread rate. Relación de la rosa de dispersión de las municiones
Peak pressure. Presión máxima
Pellet injury. Lesión por perdigones
Pellet spread. Dispersión de los perdigones
Pellet striking energy. Energía de choque de los perdigones
Penetrating wound. Lesión penetrante
Penetration. Penetración
Penetration behavior. Comportamiento de penetración
Penetration depth. Profundidad de penetración
Penetration force. Fuerza de penetración
Penetration mechanics. Mecánica de penetración
Penetration mechanism. Mecanismo de penetración
Penetration power. Poder de penetración
Penetrative nature. Naturaleza penetradora
Penetrator. Penetrador
Penetrator mass. Masa del penetrador

Pentaerythritol tetranitrate.
Tetranitrato de penta eritritol
Percussion cap. Cápsula fulminante,
Percussion caps piston. Pistón para
cápsulas de percusión
Percussion lock. Llave de percusión
Percussion primer. Cebo de
percusión, fulminante
Percussion revolver. Revólver de
percusión
Perfectly axially symmetric body.
Cuerpo axisimétrico perfecto
Perforation. Perforación
Periphery camera. Cámara de
periferia, cámara periférica
Periphery camera picture.
Fotografía tomada por una cámara
periférica
Petaling. Formación de pétalos, en
forma de pétalos
Phantom pulse. Pulso artificial
Phase angle. Ángulo de fase
Phenolphtalein. Fenolftaleína
Phosphate coating. Revestimiento
fosfático
Phosphate type finish. Fosfatado
Phosphorous. Fósforo
Photographic paper. Papel
fotográfico
Photographic press. Prensa
fotográfica
Photographic record. Registro
fotográfico
Photographic staff. Personal de
fotografía
Picric acid. Ácido pícrico
Pierced. Perforado, punzado
Piercing. Perforación, punzonado
Piezo type pressure gauge.
Piezomanómetro
Piezoelectric. Piezoeléctrico
Pigeon shooting. Tiro al pichón
Pin. Eje, clavija
Pin mark. Marca del percutor
Pinfire cartridge. Cartucho de
espiga

Pinkish red coloration. Coloración
rojo-rosa
Piobert's Law. Ley de Piobert
Pistol. Pistola
Pistol bead slide. Punto de mira
inserto en la corredera
Pistol frame. Armazón
Pistol grip. Empuñadura, pistolete
Pistol grip. Puño de la pistola
Piston. Pistón
Piston bar with a spring. Barra de
pistón provista de muelle
Piston head. Cabeza de pistón
Piston velocity. Velocidad del pistón
Pitch rate. Relación de paso
Pitching moment. Momento de
declive
Pivot of a break open revolver.
Sistema de apertura de un revólver
de cañón abatible
Placed in the barrel chamber.
Alojado en la recámara
Plain-based. Bases sencillas
Plane. Plano
Plastic body. Funda de plástico
Plastic enclosed base wad. Taco de
base en funda de plástico
Plastic exhibit bag. Bolsa de
plástico con elementos de prueba
Plastic flow. Flujo plástico
Plastic overshoes. Cubierta de
plástico para zapatos
Plastic plate. Placa plástica
Plastic powder piston. Tapón de
plástico de la pólvora
Plastic region. Región plástica,
región elástica
Plastic shotshell case. Vaina de
plástico (tiro de escopeta)
Plastic stub. Cabo de plástico
Plastic substrate. Sustrato plástico
Plastic training. Tiro reducido
Plastic wave propagation.
Propagación de ondas plásticas
Plated. Chapado

Platinum/iridium alloy pellet.
Perdigón de aleación platino e iridio

Plot. Planimetrado

Plot a point. Marcar un punto

Plot of fast mode damping coefficient. Planimetrado de coeficiente de amortiguamiento de modo rápido

Plot of pitch. Planimetrado del declive

Plug formation. Formación de obturadores

Plugging. Obturación, taponamiento

Pocket knife. Navaja de bolsillo

Pocket of skin. Bolsa de la piel

Pocket pistol. Pistola de bolsillo

Point blank. A boca de jarro, a quemarropa

Point of fire. Punto desde el cual se hizo el disparo

Pointed bullet. Bala de punta ojival aguda

Pointed lead pellet. Perdigón puntiagudo de plomo

Poison pellet. Perdigón envenenado

Poisson's ratio. Razón de Poisson

Police firearms officer. Agente de policía con arma de fuego

Police type shotgun. Escopeta policíaca

Polycarbonate ballistic screen. Pantalla balística de poli carbonato

Polycarbonate cover. Cubierta de poli carbonato

Polychoke device. Dispositivo polichoke

Polygonal barrel. Cañón poligonal

Polynomial curve. Curva polinomial

Polystyrene. Poliestireno

Polytropic gas. Gas politrópico

Pools of blood. Charcos de sangre

Poor barrel-chamber alignment. Mala alineación del cañón y la recámara

Poor cylinder timing. Asincronización del cañón

Portable automatic-fire weaponry. Armamento de fuego automático portátil

Positive detent. Detención positiva

Postmortem examination. Examen postmortem

Potassium chlorate. Clorato de potasio

Potassium hydroxide. Hidróxido de potasio

Potential finding. Hallazgo potencial

Pouch. Cartuchera

Pounds per square inch (psi). Libras por pulgada cuadrada

Powder. Pólvora

Powder blackening effect. Efecto de negro de humo

Powder bridging. Punteo de la pólvora

Powder charge. Carga de pólvora

Powder deflagration. Deflagración de la pólvora

Powder discharge effect. Efecto de descarga de pólvora

Powder dram. Dram de pólvora

Powder energy yield. Rendimiento de energía de la pólvora

Powder flask. Botella de pólvora

Powder gases. Gases de la pólvora

Powder grain. Grano de pólvora

Powder grain morphology. Morfología del grano de pólvora

Powder granules. Gránulos de pólvora

Powder granules incrustation. Depósito de gránulos de pólvora

Powder nitrate. Nitrato de pólvora

Powder nitrite. Nitrito de pólvora

Powder pan (flint lock). Cazoleta de la pólvora

Powder tattooing. Tatuaje de pólvora

Powdering impact mark. Marca o huella de impacto de la pólvora

Powdering mark. Marca o huella de pólvora

Power of velocity. Potencia de velocidad

Power series. Serie de potencia

Powerful cartridge. Munición muy potente

Power-law strain hardening. Agriamiento de ley exponencial

Practical shooting. Tiro práctico, recorridos de tiro

Precessional frequency. Frecuencia de precesión

Predicted flight path. Predicción de trayectoria de vuelo

Preformed geometry. Geometría preformada

Pressure curve. Curva de presión

Pressure ratio. Relación de presión

Pressure resisting projectile motion. Movimiento de proyectil resistente a la presión

Pressure-dependent flow stress. Tensión de flujo dependiente de la presión

Pressure-distance relationship. Relación entre la presión y la distancia

Pressurized canister. Bote presurizado

Prestressing. Precomprensión

Primed cartridge case. Casquillo con cebo (fulminante)

Primer. Fulminante, cebo

Primer cap. Cápsula fulminante

Primer formulation. Fórmula de cebo (fulminante)

Primer leak. Fuga de fulminante

Primer pocket reamer. Desmantelador de fulminante

Primer powder. Polvorín

Primer seating dye. Tinte de asentamiento de cebo (fulminante)

Primer tool. Herramienta para fulminantes

Primer type. Clase de fulminantes o detonadores

Primer-generated residues. Residuos generados por el cebo (fulminante)

Priming mixture. Mezcla fulminante

Principal axis. Eje principal

Principal stress plane. Plano principal de tensión

Principle of conservation of energy. Principio de conservación de energía

Principle of firing (ammunition). Parte del cartucho donde se localiza la ignición

Probe. Sonda

Production check. Control de producción, inspección de producción

Profile projector. Proyector de perfiles

Progressive burning powder. Pólvora progresiva

Projectile. Proyectil

Projectile asymmetry. Asimetría del proyectil

Projectile axis. Eje del proyectil

Projectile base. Culote del proyectil, base del proyectil

Projectile comparison. Confrontación de proyectiles

Projectile density. Densidad del proyectil

Projectile fill. Descarga del proyectil

Projectile geometric axis. Eje geométrico del proyectil

Projectile jump. Variación brusca del proyectil

Projectile nose shape. Forma de la punta del proyectil

Projectile penetration velocity. Velocidad de penetración del proyectil

Projectile travel. Carrera del proyectil

Projecting edge. Borde de proyección

Proof house. Laboratorio de pruebas

Proof mark. Sello de norma

Propelant. Propelente, propulsor

Propellant burn coefficient. Coeficiente de combustión del propulsor

Propellant burnout. Quemadura del propulsor

Propellant force. Fuerza propulsora

Propellant gas. Gas propulsor

Propelling charge. Carga propulsora

Protective clothing. Ropa (traje) de protección

Pugh, Echelberger & Rostoker (PER) theory. Teoría de Pugh, Echelberger y Rostoker (PER)

Pull through. Cordel para la limpieza

Pull-squeeze the trigger. Apretar el gatillo

Pulse duration. Duración de impulso

Pulse length. Longitud de impulso

Pump action. Acción de bombeo (corredera)

Punch tool. Punzón

Punctuate injury. Herida punzante

Punctuate tatooing injury. Herida punzante de tatuaje

Puncture wound. Herida punzante, herida de punción, herida con un instrumento afilado

Pungent pepper odor. Olor a chile o pimiento picante

Purpose-formed cross marked in its end. Cruz hecha a propósito en su extremo

Pyrite. Pirita

Pyrotechnic burning mixture. Mezcla de quemado pirotécnico

Pyrotechnical loading. Carga pirotécnica

Q

Quotient. Cociente

Quadrant elevation. Ángulo de elevación, ángulo de nivel

Quarter choke (shotgun bore). Choke de un cuarto, ¼ choke

R

Radial. Radial

Radial confinement. Confinación radial

Radial crack growth. Crecimiento radial de fisuras

Radial crack. Grieta radial, fisura radial

Radial direction. Dirección radial

Radial expansion velocity. Velocidad de expansión radial

Radial strength. Fuerza radial, resistencia radial

Radioactive uranium isotope. Isótopo de uranio radioactivo

Radio-opaque object. Objeto radio opaco

Radius. Radio

Raised barrel rib (vented barrel). Banda solista colocada encima del cañón

Ram rod. Atacador, baqueta

Range of firing. Distancia de tiro (de donde se hizo el disparo)

Rankine scale. Escala de Rankine

Rapier. Estoque

Rarefaction. Enrarecimiento

Rarefaction fan. Abanico de enrarecimiento

Rarefaction head. Cabeza de enrarecimiento

Rarefaction tail. Cola de enrarecimiento

Rarefaction wave. Onda de enrarecimiento

Rarefaction wave head. Cabeza de onda de enrarecimiento
Rarefaction wave physics. Física de onda de enrarecimiento
Rarefaction wave tail. Cola de onda de enrarecimiento
Rarefaction wavelet. Ondita de enrarecimiento
Rate of reduction in size. Proporción de reducción de tamaño
Rate of turning. Frecuencia de giro
Rate of twist. Frecuencia de rayado del ánima
Rayleigh line. Línea Rayleigh
Rayleigh surface wave. Superficie de onda Rayleigh
Razor slash. Cortadura con navaja de afeitar
Reacted explosive. Explosivo reactado
Reacted gas. Gas reactado
Reaction zone. Zona de reacción
Reaming. Escariar, ensanchar, fresar, rimar
Rear loading gun. Arma de retrocarga
Rear sight. Mira trasera
Rearmost portion. Parte más trasera
Rearward velocity. Velocidad de retroceso
Rebated. Con base reducida
Rebated case. Vaina con base reducida
Rebound. Rebote
Rebounding bullet injury. Herida de bala rebotadora
Rebounding tension wave. Onda de tensión de rebote
Receiver. Cajón de mecanismos
Receiver action. Cajón de mecanismos
Recess. Hueco, rebaje
Recess in the foot of the hammer. Rebaje de la base del martillo
Recoil. Retroceso, retroceso del arma
Recoil action. Acción de retroceso

Recoil energy. Energía de retroceso
Recoil induced mark. Marca inducida por el retroceso
Recoil locking system. Sistema de cierre de bloque ascendente
Recoil plate (revolver). Placa de retroceso
Recoil spring. Muelle de recuperación
Recoil spring cap. Tapón
Recoil spring guide. Muelle de recuperación con su guía
Recoil velocity. Velocidad de retroceso
Recoil/blowback locking. Retroceso/sistema de cierre por retroceso directo
Recoiless rifle. Cañón o rifle sin retroceso
Reconstruction of shooting incident. Reconstrucción del incidente de tiroteo
Red-dot sight. Visor de punto rojo
Re-derivation. Rederivación
Reduced foot (cartridge). Vaina cilíndrica con el culote reducido
Reflected pulse. Impulso reflejado
Reflected right-going Hugoniot. Hugoniot reflejado a la derecha
Reflected stress. Esfuerzo reflejado
Reflected wave. Onda reflejada
Refluxing. Reflujo
Refractive index. Índice de refracción
Regresive feature. Característica regresiva
Regulate. Regular
Relative incapacitation index (RII). Índice relativo de incapacitación
Relative quickness (RQ). Rapidez relativa
Relative stopping power. Poder relativo de parada
Reliability. Fiabilidad
Relief wave. Onda de descompresión

Reloader. Recargador
Reloading. Recarga
Reloading table. Tabla de recarga
Remnant. Remanente
Remote firing fixture. Dispositivo para disparar a distancia
Removable catch. Palanca extraíble
Removable plate. Placa extraíble
Removable side plate. Pletina desmontable
Removed (as in removed locking system). Liberado
Removed mass. Masa eliminada
Repair. Reparación
Repeater arm. Arma de repetición
Repeater rifle. Rifle de repetición
Repeating firearm. Arma de repetición
Repeating firearm mechanism. Mecanismo de un arma de repetición
Repeating rifle. Rifle de repetición
Repeating shotgun. Escopeta repetitiva
Residual mass and velocity. Masa y velocidad residuales
Residual velocity. Velocidad residual
Resistive pressure. Presión de resistencia
Resize (cartridge case). Recalibrar
Resultant motion. Movimiento resultante
Resultant of air forces. Resultante de fuerzas de aire
Retained down-range velocity. Velocidad residual en la zona a lo largo de la trayectoria
Retained velocity. Velocidad residual
Retardant. Retardante
Retarding force. Fuerza retardada
Reversing catch (safety catch). Pasador de cambio
Revolver. Revólver
Revolver frame. Armazón del revólver
Ribbed grip safety. Dorso estriado

Ricochet. Rebote
Rifle. Rifle, fusil
Rifle cleaning kit. Equipo para la limpieza de las armas
Rifle range. Campo de tiro
Rifle smoke grenade. Granada de fusil fumígena
Rifled barrel. Ánima estriada
Rifled gun barrel. Cañón rayado, cañón de anima rayada
Rifleman. Fusilero
Rifleman-grenadier. Fusilero granadero
Rifling. Rayado
Rifling calibre (caliber). Calibre de estría
Rifling impressions. Impresiones de rayado
Rifling lead (at the breech end of the barrel). Punta de inicio del rayado
Rifling mandrel. Mandril de rayado
Rifling marks. Marcas de rayado
Rifling pattern. Diseño, marca o modelo de rayado
Rifling pitch. Paso del rayado
Right (clockwise). Dexstrorsum
Right (clockwise) twist striations. Estrías a dextrorsum
Right-going Hugoniot. Hugoniot hacia la derecha
Right-going shock. Choque hacia la derecha
Right-going wave pressure. Presión de onda hacia la derecha
Right-hand spin. Giro a dexstrorsum
Rigid body rotation. Rotación de cuerpo rígido
Rigid laminated steel jacket. Camisa de acero laminada rígida
Rim. Reborde
Rimfire. Percusión anular
Rimless. Sin reborde
Rimmed. Con reborde
Ring-shaped abrasion injury. Halo de abrasión

Riot control baton round. Bala de bastón para control antimotines
Rocket exhaust. Chorro a presión de un cohete
Rod erosion. Erosión de la barra
Rod of liquid agent. Pértiga (medida) de agente líquido
Roll (spin) rate. Frecuencia de giro
Roll resonance. Resonancia de giro
Roller locking system. Sistema de cierre de palanca articulada o de rodillo basculante
Roller-locking. Cierre de rodillo
Rotating catch. Palanca rotatoria
Rotating speed. Frecuencia de giro
Rotation locking. Cierre de rotación
Rotation locking system. Sistema de cierre por rotación
Rotational spin. Acción giroscópica
Rotational velocity. Velocidad de rotación
Rough handling. Manejo áspero
Rough muzzle. Boca de cañón áspera
Round. Cartucho
Round nose (RN). Punta ojival roma
Round nose bullet. Bala de punta ojival roma
Round nose soft point (RNSP). Punta blanda redonda
Rounding off (firearm crowned at its muzzle end). Redondeo
Routes. Recorridos
Rubeanic acid (dithioxamide). Ácido rubeánico (ditioxamida)
Rubber buffer. Amortiguador (separador) de goma
Rust scale. Escama de óxido (herrumbre)
Rust-free fulminate. Fulminato antióxido

S

Sabot. Sabot o casquillo desprendible

Sabot discard. Rechazo del proyectil Sabot
Sabot loading. Carga de sabot
Safety. Seguro
Safety catch. Seguro manual o de aleta
Safety catch. Aleta del seguro (del fiador)
Safety catch on the casing. Palanca del seguro manual en el armazón
Safety lock. Palanca del seguro
Safety shut. Cierre de seguridad
Safety system. Sistema de seguridad
Saltpeter. Salitre
Sample cartridge. Cartucho de muestra
Sample. Muestra
Sand-like character. Características arenosas
Sawn-off shotgun. Escopeta recortada
Saw-tooth pulse. Impulso diente de sierra
Scab. Costra, postilla
Scabbing. Formación de costras o postillas
Scalar equation. Ecuación escalar
Scalar. Escalar
Scalepan. Platillo de la báscula, platillo de balanza
Scalpel. Bisturí, escalpelo
Scanned. Barrido, rastreado, explorado, escaneado
Scanning electron microscope. Microscopio electrónico de barrido
Scene examination. Examen del lugar de los hechos
Scene of crime officer. Oficial (o agente) a cargo del lugar de los hechos
Scene photograph. Fotografía del lugar de los hechos
Scene plan. Plano del lugar de los hechos
Scissors. Tijeras
Scorched. Quemado

Scratched. Rayado, rayoneado

Scratch. Rayadura

Screening cover. Pantalla de protección

Screw. Tornillo

Screw-in choke tube. Tubo de choke atornillado, choke atornillado

Sear. Fiador, fiador del martillo

Season cracking (embrittlement). Fisurización, fragilización, aquebradización

Seated in the firing chamber. Alojado en la recámara

Second Generation Multiplex (SGM). Múltiplex de segunda generación

Second set trigger (firing trigger). Punto del disparador

Secondary ejecta. Eyecciones secundarias

Sectional density. Densidad seccional

Security lock. Cierre de seguridad personalizado, llave de seguridad

Self-cocking gun. Arma que se monta automáticamente

Self-inflicted shot. Disparo hecho a sí mismo, disparo auto infligido

Self-loading arm. Arma automática

Self-loading chambered. Cargada automáticamente en la recámara

Self-propelled. Autopropulsado

Self-righting property. Propiedad de auto corrección

Semi-armor piercing shell (grenade). Granada semiperforadora

Semiautomatic pistol. Pistola semiautomática

Semiautomatic rifle. Rifle semiautomático

Semi-circular machining mark. Marca semicircular de maquinado

Semi-circular recess in the lateral extensions of the barrel. Rebaje semicircular en las prolongaciones laterales del cañón

Semi-infinite target. Blanco seminfinito

Semi-jacketed bullet. Bala semiencamisada

Semi-rimmed. Semirreborde

Semi-rimmed case. Vaina con semirreborde

Semi-wadcutter (SWC). Semi-wadcutter

Semi-wadcutter with hollow point (SWC-HP). Semi-wadcutter con punta hueca

Senior officer. Oficial de alto rango

Senior police officer. Agente de policía de alto rango

Serial marks recovery. Recuperación de los números de serie

Serrated grip safety. Dorso cuadrillado

Set of numbers on clockface. Grupo de números dispuestos como en la carátula del reloj

Severe gradient. Gradiente severa

Severe ripping. Desgarro severo

Shallow angle of incidence of firing. Ángulo bajo de incidencia de tiro

Shallow scratch mark. Marca de rasguño poco profunda

Shallow surface wound. Herida superficial poco profunda

Shaped cake of propellant. Propulsor en forma de roseta

Shaped charge. Carga hueca

Shaped charge jet formation. Formación de propulsiones en carga hueca

Shaped charge. Carga hueca

Shaped charges jet. Propulsión en cargas huecas

Shaped-charge shell. Granada de carga hueca

Shark-skin. Zapa

Sharp 'crack' sound. Sonido agudo de agrietamiento

Sharp radial crack. Fisura radial
Sharpness of the rotating grooves. Forma como estén practicadas las estrías de rotación
Shear. Cizalladura, cizallamiento, cizalleo, corte, cortadura, esfuerzo cortante
Shear banding. Bandas de cizallamiento
Shear crack. Fisura de cizallamiento
Shear modulus. Módulo de cizallamiento
Shear stress failure level. Nivel de rotura de esfuerzo cortante
Shear stress. Esfuerzo cortante
Shell casing matching. Confrontación de casquillos o vainas
Shell. Casquillo, vaina, vainilla, funda
Shock heating. Calentamiento causado por el choque
Shock interaction. Interacción de choque
Shock jump. Salto de choque
Shock physics. Física de choque
Shock pulse. Impulso de choque
Shock wave. Onda de choque
Shocked. Chocado
Shocked density. Densidad chocada
Shoot. Tirar (verb)
Shooter. Tirador
Shooting hand. Mano que efectúa el disparo, mano que sostiene el arma
Shootout. Tiroteo, balacera
Short course. Recorrido corto
Short ejector shroud. Mortaja del extractor corta
Short firing. Tiro de explosivos
Short range cartridge. Cartucho de tiro reducido
Short range skeet shooting. Tiro al platillo (skeet) a corta distancia
Short rifle. Mosquetón
Shot. Carga de perdigones (escopeta)
Shot cartridge. Vaina percutida
Shot charge. Carga de escopeta

Shot column. Columna de carga de escopeta
Shot spread. Rosa de dispersión de los perdigones
Shotgun. Escopeta
Shotgun pellet ballistics. Balística de perdigones de escopeta
Shotgun pellet spread. Rosa de dispersión de los perdigones de escopeta
Shotgun pellet velocity. Velocidad de los perdigones de escopeta
Shotgun pellet. Perdigón de escopeta
Shot-pattern diameter. Diámetro de la rosa de dispersión del tiro de escopeta
Shoulder fired weapon. Arma operable a dos manos
Shower of secondary missiles. Lluvia de misiles secundarios
Shrapnel. Esquirlas, metralla
Shrapnel shell. Granada de metralla, granada fragmentaria
Side plate. Placa lateral
Side-by-side gun barrels. Cañones laterales
Side of the shell casing. Costado del casquillo
Sight graticule. Retículo visual
Sight line. Línea de mira
Sight radius. Radio de mira
Sight scale division. Escala del pie del alza
Sighting line. Línea de miras
Sighting notch. Muesca
Sight. Alza de mira
Sight with notch. Alza con muesca
Sign. Signo, señal
Silcoset. Silcoset
Silencer. Silenciador
Silica-based aerogel dispersion loading. Carga de dispersión de aerogel a base de sílice
Silicon carbide. Carburo de silicona
Silt. Cieno, fango, sedimento

Silver plating. Plateado
Simple disc propellant. Propulsor en forma de disco sencillo
Simple model. Modelo simple
Simple wound track. Trayecto de herida simple
Single action. Acción simple
Single barreled. De un cañón (fusil)
Single base smokeless propellant. Propulsor sin humo de una sola base
Single shot pistol. Pistola de un solo disparo
Single shot pocket percussion pistol. Pistola de percusión de bolsillo de un solo tiro
Single slug missile. Misil de un solo proyectil
Single stage. De una etapa
Single-action. Acción simple
Single-action revolver. Revólver de acción simple
Sinoxid. Sinoxid
Sintox (lead free primer formulation). Sintox (fórmula de cebo sin plomo)
Size. Calibrar (verb)
Size shot. Tiro de escopeta
Sizing dye. Tinta para clasificar dimensiones o calibres
Sizing mold. Molde de dimensionamiento
Skeet pellet. Perdigón de escopeta para tiro al plato o skeet
Skeet shooting. Tiro al plato, platillo, skeet
Skin penetration threshold velocity. Velocidad umbral (límite) de penetración de la piel
Skygate unit. Unidad Skygate
Slab. Losa
Sleeve. Manguito
Slide (pistol). Corredera
Slide back together. Retroceden juntos
Slide catch. Seguro de corredera

Slide catch (magazine). Seguro del cargador
Slide group. Conjunto de la corredera
Slide-stop. Retenida
Sliding bolt. Cerrojo deslizante
Sliding safety catch. Palanca o llave de cierre
Sling. Correa portafusil
Sling ring. Anilla de la correa
Slippage. Deslizamiento
Slipping driving band. Bandas de deslizamiento
Slit- jacketed bullet. Bala encamisada con ranura
Slit jacket. Camisa ranurada, encamisada con hendidura
Slit. Hendidura
Slope. Inclinación, pendiente (noun); inclinar (verb)
Slot. Muesca (para encajar); hendidura, ranura
Slow arm. Brazo lento
Slow burning. De quemadura lenta
Slow mode damping coefficient. Coeficiente de amortiguamiento de modo lento
Slow twist rifled barrel (canon raye). Cañón rayado de giro lento
Slow-burning powder. Pólvora de quemadura lenta
Slowly spinning projectile. Proyectil de lenta animación
Slow-moving round-nose handgun bullet. Bala de punta redonda de lento movimiento de arma corta
Slug. Bala
Slug mass. Masa de la bala
Slug velocity. Velocidad de la bala
Small gap. Abertura pequeña
Small of the butt. Garganta de la culata
Small pocket pistol. Pequeña pistola de bolsillo
Small shot charge. Carga de perdigones

Small-shot cartridge. Cartucho de perdigones
Smear. Manchar, untar, embadurnar (verb); manchas (noun)
Smoke cartridge. Cartucho fumígeno
Smoke grenade. Granada de humo
Smoke shell. Proyectil de humo
Smokeless powder. Pólvora sin humo
Smokeless propellant. Propulsor sin humo
Smooth bullet. Bala lisa
Smoothbore, smooth-bore. Ánima lisa, sin estrías
Smudge. Mancha, manchón
Sniper. Francotirador
Sodium bitartrate. Bitartrato de sodio
Sodium rhodizonate. Rodizonato de sodio
Soft buffer material. Material blando separador
Soft lead nose. Punta blanda de plomo
Soft metal. Metal antifricción
Soft point (SP). Punta blanda
Soft point bullet. Bala punta blanda
Soft shot-shotgun pellet. Perdigón de escopeta blando
Soft target. Blanco blando
Soft-alloy pellet. Perdigón de aleación blanda
Soft-lead core. Núcleo de plomo blando
Solid chamber block. Bloque de recámara del cañón
Solid cylinder. Cilindro sólido (pólvora en forma cilíndrica)
Solid lead round-nose pistol bullet. Bala para pistola punta redonda de plomo sólido
Solid sphere. Esfera sólida
Sooty deposit. Depósito holliniento
Sound construction. Construcción sólida

Sound pressure level (SPL). Nivel de presión acústica
Sound proofing. Insonorización
Sound-absorbing device. Dispositivo de absorción de sonido, dispositivo silenciador
Space-mean. Media espacial
Spall ring. Anillo de resquebrajamiento
Spall thickness. Grosor del resquebrajamiento
Spallation. Resquebrajamiento, espalación
Spalling (brittle). Escamación
Spare magazine. Cargador extra, cargador de reserva
Spark. Chispa
Sparkle. Destello, chispa
Spatial density gradient. Gradiente de densidad de espacio
Spatial derivative. Derivada de espacio
Special hollow point from Winchester (SXT). Punta hueca especial de Winchester
Specific heat. Calor específico
Specific heat ratio. Relación de calor específico
Spectrogram. Espectrograma
Spectrographic test. Prueba espectrográfica
Spectrographics. Espectrografía
Speed loader. Cargador rápido
Spent bullet (falling bullet). Bala disparada, caída
Spent cartridge case. Casquillo percutido
Spent round cartridge. Vaina percutida, casquillo percutido
Spent shotgun cartridge. Cartucho percutido de escopeta
Sphere. Esfera
Spherical geometry. Geometría esférica

Spherically symmetric expanding cavity. Cavidad de expansión esféricamente simétrica

Spherically symmetric velocity. Velocidad esféricamente simétrica

Sphericity. Esfericidad

Spin (principal) axis unit vector. Vector unidad de giro de eje (principal)

Spin direction. Sentido de giro

Spin rate. Frecuencia de giro

Spin stabilized projectile. Proyectil estabilizado por su animación

Spinning bullet. Bala animada

Spinning projectile. Proyectil animado

Spin-stabilized projectile flight behavior. Comportamiento de vuelo de proyectil estabilizado por su animación

Spiral. Espiral

Spiral grooves. Ranuras o estrías en espiral

Spire. Espira, espiral, vuelta

Spire point. Punto de espira

Splash. Salpicadura

Sporting gun. Arma deportiva

Spotter. Localizador

Spray. Atomizador de líquido para rociar, rociar con líquido, rociada

Spray belt-mounted canister. Bote atomizador cargado al cinturón

Spray of fine droplets. Rocío de gotitas finas

Spread of the bulk of the pellets. Dispersión del grueso de los perdigones

Spread of the shot charge. Rosa de dispersión de la carga de escopeta

Spring bolt catch. Perno de resorte

Spring guide. Varilla guía

Spring-loaded device. Aparato cargado por resorte

Spring-loaded ejector. Eyector de resorte

Spring-mass system. Sistema muelle-masa

Sprue mark. Marca de fundición

Spun up. Giró hacia arriba

Square flake. Escama cuadrada

Square pulse. Impulso rectangular (cuadrado)

Square wave. Onda rectangular (cuadrada)

Stabilizer. Estabilizador

Stabilizing rotational spin. Giro rotativo de estabilización

Stack of cartridges. Grupo de cartuchos

Stagnant fluid. Fluido estancado

Stainless steel. Acero inoxidable

Stamp. Estampar (verb)

Stamped. Estampado (noun)

Standard pistol. Pistola estándar

Standard steel BB. Balín de acero estándar

Standoff. Estancamiento, estancado, punto muerto, empate

Star crack. Fisura en forma de estrella

Star shell. Granada iluminante, proyectil especial de iluminación

Starred coefficient. Coeficiente estrella

Star-shaped area of damage or injury. Área de daño o herida en forma de estrella

Star-shaped pattern of tattooing. Patrón de tatuaje en forma de estrella

Starting position. Posición de reposo

State postulate. Postulado de estado

Static cutting charge. Carga de corte de estáticas

Static deflection. Desviación estática

Static equilibrium solid mechanics. Mecánica de sólidos de equilibrio estático

Static imbalance. Desequilibrio estático
Statically stable projectile. Proyectil estáticamente estable
Stationary coordinate system. Sistema de coordenadas fijas
Stationary shock. Choque fijo
Stationary shock wave. Onda de choque fija
Steady following flow. Flujo de seguimiento estable
Steady reaction zone. Zona de reacción estable
Steel. Acero
Steel (flint lock). Yunque
Steel barrel wall. Pared de acero del cañón
Steel core. Núcleo de hierro
Steel core-projectile. Proyectil con núcleo de hierro
Steel of the barrel. Acero del cañón
Steel roller. Rodillo de acero
Steel shot. Perdigón de acero
Steel shot proof mark. Sello de prueba del tiro de acero
Steel tape measure. Cinta de medir
Steeping. Dejar en remojo
Stellate injury. Golpe de mina de Hoffman, lesión en forma de estrella
Stellate rip (ripping). Desgarro en forma de estrella, golpe de mina de Hoffman
Stellate shape. Forma de estrella
Stereo microscope. Microscopio estéreo
Still air conditions. Condiciones sin flujo de aire
Stirrup-like device. Artilugio parecido a un estribo
Stochastic. Estocástico, conjetural, aleatorio, estadístico
Stock. Culata, caja del rifle
Stock material. Material del que esta echo la culata
Stop up. Obturar

Stopping power. Poder de detención, poder de parada
Storage oscilloscope. Osciloscopio tipo acumulador, osciloscopio de pantalla con memoria
Straight case. Vaina recta
Strain. Deformación, alargamiento, estirado
Strain hardening. Agriamiento
Strain-displacement relationship. Relación entre la deformación y el desplazamiento
Strain-stress curve. Curva de deformación a esfuerzo
Strap. Correa
Streamlined bullet. Bala cola de bote
Strength. Fortaleza
Stress. Esfuerzo, tensión, carga, solicitación
Stress amplitude. Amplitud de tensión
Stress free. Sin esfuerzo, tensión o carga
Stress wave. Onda de esfuerzo
Stressed. Deformado
Stress-strain behavior. Comportamiento de esfuerzo a deformación
Stress-strain curve. Curva de esfuerzo a deformación
Striated tool-marks. Estrías de marcas de herramienta
Striation pattern. Modelo o diseño de rayado o estriado
Striations. Estrías, rayado, rayas
Striker pin. Percutor
String. Serie
Stripper clip. Peine, peine de carga
Strontium nitrate. Nitrato de estroncio
Struck casing. Vaina percutida
Sub-batch. Sublote
Sub-caliber armor-piercing disposing-sabot loading. Carga subcalibre perforadora de blindaje con casquillo desechable sabot

Sub-caliber armor-piercing kinetic energy missile. Misil de energía cinética subcalibre penetrador de blindaje

Sub-caliber discarding sabot pellet. Perdigón subcalibre de casquillo desechable

Subcutaneous hemorrhage. Hemorragia subcutánea

Sub-machinegun. Subametralladora, subfusil, fusil ametrallador

Subscript. Subíndice

Subsonic flow field. Campo de flujo subsónico

Substantial derivative. Derivada de sustancia (matemáticas)

Substantive wound. Herida o lesión substantiva

Sudden explosive supersonic muzzle blast. Fogonazo de boca supersónico explosivo repentino

Suitable instrument. Instrumento apropiado

Suitable range. Escala o distancia apropiada

Suitably chambered rifled barrel blank. Cartucho de salva debidamente alojado en la recámara y de cañón rayado

Sulfur antimony. Antimonio de azufre

Sulphanilic acid. Ácido sulfanílico

Super Full Choke. Choke súper full

Supersonic. Supersónico

Supply. Abastecer

Supporting fire. Fuego de apoyo

Surface coating. Capa protectora de superficie

Surface cratering. Craterización de la superficie

Surface traction. Tracción de superficie

Surgical gloves. Guantes quirúrgicos

Surveillance zone. Zona de vigilancia

Surveyor's tape. Cinta de medir de agrimensor (topógrafo)

Suspect weapon. Arma problema

Swab. Aplicador con punta de algodón, muestra tomada con palillo de algodón

Swabbing. Toma de muestra con aplicador de punta de algodón

Swabbing kit. Juego de aplicadores con punta de algodón

Swerve. Viraje

Swerve motion. Movimiento con desvío, con efecto, con viraje

Swing-out cylinder. Tambor basculante

Swirl. Torbellino

Swirling around. Se mueve como torbellino

Symmetric growth. Crecimiento simétrico

Synthetic stock. Culata sintética

System grip safety. Seguro dorsal de la empuñadura

T

Take down lever. Palanca de despiece

Tall shot tower. Torre alta de tiro de escopeta

Tamper configuration. Configuración de obturación

Tangency point. Punto tangencial

Tangent. Tangente

Tangential. Tangencial

Tangential component of velocity. Componente tangencial de la velocidad

Tangential stress. Tensión tangencial

Tapering chimney (percussion lock). Chimenea delgada

Target area. Área del blanco

Target base. Base del blanco

Target failure mode. Modo de falla del blanco
Target marker. Marcador del blanco
Target material. Material del blanco
Target plotter. Localizador de ruta del blanco aéreo
Target practice. Prácticas de tiro
Tartaric acid. Ácido tartárico
Tattoo. Tatuaje
Tattoo injury. Lesión o herida de tatuaje
Taylor angle. Ángulo de Taylor
Taylor wave. Onda de Taylor
Tear gas. Gas lacrimógeno
Tear strength. Resistencia a la ruptura
Tearing stress. Carga de rotura
Teflon. Teflón
Telescope. Telescopio, visor óptico
Telescopic sight. Mira telescópica
Tell-tale effect. Efecto revelador
Temperature ratio. Cociente de temperatura
Tempered-steel core. Núcleo de acero templado
Temporal derivative. Derivada de tiempo
Temporary cavitation. Cavitación temporal
Temporary cavity. Cavidad temporal
Temporary cavity shape. Forma de la cavidad temporal
Temporary cavity volume. Volumen de la cavidad temporaria
Tensile crack. Esfuerzo de tracción
Tensile isentrope. Isentropa traccional
Tensile strength. Resistencia a la tracción
Tensile stress. Esfuerzo de tracción
Tensile wave. Onda de tracción
Terminal ballistics. Balística terminal
Terminal detonation. Detonación terminal

Terra cotta (ceramic) armor. Blindaje de cerámica terracota
Test card. Tarjeta de prueba
Test pattern. Modelo de prueba
Test square. Cuadrado de prueba
Test-fired. Disparo de prueba
Test-firing. Realizar disparos de prueba
Tetracene. Tetraceno
Tetrazine. Tetrazina
Text book pattern. Modelo de libro de texto
The barrel moves down. El cañón desciende
Thermal. Térmico, termal
Thermal Energy Analyzer (TEA). Analizador de energía térmica
Thermochemistry. Termoquímica
Thermodynamics. Termodinámica
Thermomechanical coupling. Acoplamiento termomecánico
Thermophysics. Termofísica
Thin copper-coated steel jacket. Camisa de acero con cubierta delgada de cobre
Thin layer of brass coating. Enchapado delgado de latón
Thin target. Blanco delgado
Three chamber compensator. Compensador de tres recámaras
Three point sight. Puntería de tres puntos
Three point sight system. Sistema de puntería de tres puntos
Three point sight with twilight markings. Sistema de puntería de tres puntos luminosos
Three-orthogonal direction. Dirección triortogonal
Three-quarter choke (shotgun bore). Choke ¾, choke de tres cuartos
Threshold. Umbral, límite
Threshold concentration (TC). Umbral de concentración, concentración límite

Threshold energy. Energía umbral
Threshold energy per cross-sectional area for human skin penetration. Energía umbral por área transversal para la penetración de la piel humana
Threshold velocity. Velocidad umbral
Threshold velocity criterion. Criterio de velocidad umbral
Through-wound. Herida perforante
Tightly packed. Construcción densa, con los componentes muy juntos, abarrotado
Tightly sealed cartridge. Vaina firmemente comprimida
Tilt. Inclinación
Tilted. Basculante
Time derivative. Derivada de tiempo
Time of flight. Duración del vuelo, duración de la trayectoria
Time shell. Proyectil a tiempo, bomba de tiempo
Time-dependent motion. Movimiento dependiente del tiempo
Time-displacement. Desplazamiento de tiempo
Time-displacement plot. Gráfica de tiempo y desplazamiento
Time-pressure curve. Curva de tiempo-presión
Tin. Estaño
Tin bullet. Bala de estaño
Tin-core. Núcleo de estaño
Tip-up break open revolver. Revólver con cañón basculante con apertura hacia arriba
Titanium. Titanio
Titanium diboride. Diboruro de titanio
Titanium finish. Acabado de titanio
Toggle-locking. Cierre de palanca articulada
Toggle-locking system. Sistema de cierre de retroceso directo

Tombac jacket. Camisa o cubierta Tombac
Tool. Herramienta
Top of the hammer. Cabeza del martillo
Torch. Soplete, antorcha
Torn edge. Borde, orilla desgarrada
Trace evidence. Evidencia de rastros
Tracer. Trazador
Tracer loading. Carga de trazadores
Tracer round. Bala trazadora, trazadora
Tracer shell. Proyectil trazador
Tractable. Adherible
Trade off. Canje inevitable entre dos condiciones antagónicas
Trailing end of the missile. Extremo posterior del misil
Training round. Proyectil de instrucción
Trajectory curve. Curva de la trayectoria
Trajectory determination. Determinación de trayectorias
Transfer bar. Barra de transferencia
Transfer bar safety. Seguro de barra de transferencia
Transition velocity. Velocidad de transición
Translation movement. Movimiento de traslación
Transmitted stress. Tensión transmitida
Transonic/supersonic flow field. Flujo de campo transónico o supersónico
Transverse. Transversal, transverso
Transverse geometric axis. Eje geométrico transversal
Transverse principal axis. Eje principal transversal
Transverse strain. Tensión transversal
Traveled distance. Distancia recorrida

Traveling bullet/projectile. Bala/ proyectil contorneante
Tresca (maximum shear stress) theory. Teoría Tresca de carga de rotura máxima
Tresca criterion. Criterio de Tresca
Tresca flow rule. Regla de flujo de Tresca
Triciclic arm. Brazo tricíclico
Trigger. Gatillo, disparador
Trigger bar. Palanca del disparador
Trigger bar/guide bar. Palanca del gatillo
Trigger force/pressure. Presión del disparador
Trigger group. Grupo del disparador
Trigger guard. Guardamonte
Trigger rod. Palanca del martillo
Trigger stop. Fin del recorrido del disparador, tope del gatillo o disparador
Trilinear curve. Curva trilineal
Trilinear moment. Momento trilineal
Trim arm. Brazo de equilibrio
Trim of repose. Brazo de reposo
Trinitetoluene. Trinitrotolueno
Tri-nitro resorcinate. Trinitro resorcinato
Triple-barreled shotgun. Escopeta de tres cañones
Tripod. Trípode
Tritium. Tritio
Trivial injury. Herida trivial, común, ordinaria
Trivial momentary impulse. Impulso instantáneo trivial
Trumpet liner. Revestimiento de trompeta
Truncated cone (TC). Cono truncado
Truncated cone (TC) (flat or blunt nose). Cono truncado (plana o sin punta)
Truncated steel cone. Cono truncado de acero

Tube (body). Funda
Tube dynamics. Dinámica dentro del cañón
Tube jump. Salto del cañón, movimiento anómalo del cañón
Tubular magazine. Cargador tubular
Tubular powder. Pólvora tubular
Tubular-magazine repeating arm. Arma de repetición de cargador tubular
Tumbled bullet. Bala volcada
Tumbling. Desestabilización
Tungsten. Tungsteno
Tungsten carbide pointed core. Núcleo puntiagudo de carburo de tungsteno
Tungsten core. Núcleo de tungsteno
Tungsten penetrator. Penetrador de tungsteno
Tunnel region. Región túnel
Turbulent flow. Flujo turbulento, corriente turbulenta, régimen turbulento
Turbulent velocity. Velocidad turbulenta
Turning frequency. Frecuencia de giro, frecuencia de viraje
Turning rate. Velocidad de giro
Turret head boring machine. Maquina perforadora de revolver
Twin screen electron microscope. Microscopio electrónico de dos pantallas
Twist. Torsión (física), inflexión (matemáticas), torcedura
Two-shot pistol. Pistola de dos disparos

U

Ullage (free volume in the chamber). Ullage, volumen libre en la recámara

Ultra-high velocity flat-shooting. Arma de velocidad ultrarrápida de tiro horizontal

Ultra-high velocity small-caliber rifle loading. Carga de rifle de calibre pequeño de velocidad ultrarrápida

Ultrasonic cavitation. Cavitación ultrasónica

Ultrasonic cleaner. Limpiador ultrasónico

Ultrasonic cleaning bath. Baño limpiador ultrasónico

Unbounded. Indefinido, ilimitado, sin límite, sin restricción

Unburnt powder grains. Granos de pólvora sin quemar

Uncocking lever. Seguro de desmontado o desmartillado

Unconfined compressive strength. Fuerza compresiva no confinada

Under fire. Bajo fuego

Underlying exit wound. Orificio de salida subcutáneo

Underlying missile wound track. Trayecto de herida subcutánea del misil

Under-lying tissue. Tejido subcutáneo

Underover shot. Escopeta de cañones superpuestos

Under-oxidized reaction. Reacción suboxidada

Undisturbed region. Región no perturbada

Unexploded shell (dud). Proyectil sin estallar

Uniaxial strain. Esfuerzo monoaxial

Uniaxial strain (three-dimensional stress). Deformación monoaxial

Uniaxial stress. Tensión monoaxial

Uniaxial stress (three-dimensional strain). Carga uniaxial

Uniform velocity. Velocidad uniforme

Unit mass. Unidad masa

Unit of fire. Módulo de municiones

Unit vector. Vector unidad

Universal gas constant. Constante universal de gas

Unload. Descargar

Unloading. Descarga

Unreacted explosive. Explosivo no reactivo

Unremarkable wound track. Trayecto de herida ordinario, común y corriente

Unscathed. Ileso

Unshocked density. Densidad no impactada

Unstarred coefficient. Coeficiente no estrellado

Unstarred counterpart. Homólogo no estrellado

Unsupported. Sin soporte, sin apoyo, sin sostén

Upstream. Corriente arriba, contra la corriente

Upward component upsetting force (crosswind). Fuerza de contra arresto de componente vertical (contra el viento)

Upward direction. Dirección ascendente, hacia arriba, vertical

Useless. Inservible

V

Vectorially. Vectorialmente

Velocity of impact. Velocidad de impacto

Velocity vector. Vector velocidad

Ventilated/vented barrel. Cañón ventilado

Vertical plane. Plano vertical

Very high muzzle velocity. Muy alta velocidad de boca

Vest. Chaleco

Virtual origin concept. Concepto de origen virtual

Viscous fluid. Fluido viscoso
von Mises yield criterion. Criterio de deformación de von Mises
von Neumann point. Punta de von Neumann
von Neumann spike. Pico de von Neumann
Vortex shedding. Desprendimiento de vórtice
Vulnerable point. Punto vulnerable
Various graticule systems. Diversos sistemas de retículo
Vacuum environment. Ambiente al vacío
Vector quantity. Vector cantidad
Velocity gain. Ganancia de velocidad
Vent. Respiradero
Vernier dial gauge. Calibrador Vernier de aguja
Vinella's sollution. Solución de Vinella

W

Wad. Taco
Wad effect. Efecto causado por los tacos
Wadcutter (WC). Wadcutter
Wadcutter type injury. Herida tipo Wadcutter (causada por bala Wadcutter)
Warhead. Cabeza de guerra
Wash-up session. Sesión de lavado
Water bath. Baño María
Water-rich medium. Medio acuoso abundante
Wave equation. Ecuación de onda
Wave head. Cresta de onda
Wave tail. Cola de onda
Wavelet. Ondita
Waver. Oscilar
Wavering jet behavior. Comportamiento de chorro oscilante

Waxy plastic-backed paper (BenchKOTE). Papel encerado con capa de plástico (Benchkote)
Weapon inaccuracy. Imprecisión del arma
Web (beavertail). Zona
Web of the firing hand. Membrana de la mano que hizo el disparo
Web of the hand. Membrana de la mano
Web of the non-firing hand. Membrana de la mano que no hizo el disparo
Web thickness. Grosor de red
Weight in grains (avdp). Peso en granos avdp (avoirdupois)
Weld. Soldar (verb); soldadura, pieza soldada (noun)
Welding rod. Electrodo de soldadura
Wet-and-dry abrasive paper. Papel para lijar con agua, lija de agua
Whatman No. 2 filter paper. Papel filtro Whatman No. 2
Wheel lock. Llave de rueda
Wheel-lock system combined with a fuse-lock. Sistema de llave de rueda combinado con llave de mecha
White hot incendiary sparks. Chispas incendiarias calentadas al blanco
Wind drift component. Componente de desvío a causa del viento
Witness card. Tarjeta testigo
Witness rod. Varilla testigo
Wobble. Tambaleo, movimiento inestable e irregular
Wound. Herida, lesión
Wound ballistics. Balística de heridas
Wound debridement. Desbridamiento de herida
Wound location. Asiento de la lesión, lugar de la lesión

Wound margin. Margen de la herida

Wound performance. Mecanismo de la herida

Wound profile. Perfil de la herida

Wound sample. Muestra de la herida

Wound site. Asiento de la lesión

Wound track. Trayecto de la herida

Wound tract. Trayecto de la herida

Wound trauma. Traumatismo de la herida

Wound up (wheel-lock). Dar cuerda

X

Xam. Xam

X-ray analyzer. Analizador de rayos X

X-ray emission. Emisión de rayos X

X-ray energy in thousands of electron volts (KeV). Energía de rayos X en miles de electrovoltios (KeV)

X-ray examination. Examen de rayos X

X-ray flash photography. Flash de fotografía de rayos X

X-ray fluorescence. Fluorescencia de rayos X

X-ray plate. Placa de rayos X

Y

Yaw. Guiñada, yaw, movimientos angulares alrededor de un eje vertical

Yaw acceleration. Aceleración de guiñada

Yaw angle. Ángulo de guiñada

Yaw at impact. Ángulo de guiñada al impacto

Yaw damping. Amortiguación de guiñada

Yaw for linear cubic fast mode. Guiñada de modo cúbico rápido lineal

Yaw for linear cubic slow mode. Guiñada de modo cúbico lento lineal

Yaw of repose. Guiñada de reposo

Yaw plane. Plano de guiñada

Yaw rate. Frecuencia de guiñada

Yawing. Guiñada, oscilaciones rotatorias alrededor de un eje vertical que pasa por el centro de gravedad del móvil

Yawing axis. Eje de guiñada

Yawing moment. Momento de guiñada

Yawing motion. Movimiento de guiñada

Yield. Deformación, rendimiento

Yield average missile chronograph value. Valor de cronógrafo de rendimiento promedio del misil

Yield criterion. Criterio de deformación

Yield load. Carga de deformación

Yield strength. Límite elástico, límite aparente de elasticidad

Yield stress. Carga de deformación

Yielding. Deformación, cedencia

Yielding of the target. Cedencia del blanco

Yoke locking. Cierre de perno

Yoke/crane. Horquilla, basculante

Z

Zel'dovich von Neumann Doering detonation model, ZND detonation model. Modelo de detonación de Zel'dovich von Neumann Doering, modelo de detonación de ZND

Zero sign. Señal cero, señal nula, sin señal

Zero stress. Tensión cero

Zero-yaw overturning moment coefficient. Coeficiente de momento de vuelco sin guiñada

Zero-yaw-draw coefficient. Coeficiente de guiñada y resistencia aerodinámica nula

Zinc. Zinc

Zero (a weapon). Calibrar un arma, calibrar el alza y mira de un arma

Zero gravity acrobatic skill. Habilidad acrobática en un medio sin fuerza de gravedad

Zinc core. Núcleo de zinc

Zinc peroxide. Peróxido de zinc

Zinc-base alloy. Aleación a base de zinc

Zip gun. Arma de fuego de fabricación casera

Zirconium. Zirconio

AK (AK-47)
AR (AR-15)
Best friend
Biscuit (any handgun)
Bitch
Boom stick (double barrel 12 gauge blue steel Remington shotgun)
Bulldog
Bullet dispenser
Bumper
Burner (any handgun)
Cap
Chopper (fully automatic weapon)
Desert eeez (desert eagle)
Dog
Duece deuce (.22)
Flame thrower
Fo'five (.45)
Fofo (.44)
Four nickel (.45)
Four pounder (.45)
Gat (any pistol)
Gauge (any shot gun)
Harvester of sorrows
Heater (any handgun)
High Speed Bullet Dispenser (automatic guns)
Jammy
Killing machine
Lil buddy
Little friend
Mack (Mac-10 or Mac-11 sub machine gun

Mossy (Mossberg shotgun)
Neena
Nina
Nine Milla (9 mm)
Niner (9 mm)
Noise
Pepper
Peps
Piece (any handgun)
Pipe (any gun)
Plastic (any Glock pistol)
Protection
Rod
Rooster
Rosco (pistol)
Sawwdi (sawed off shotgun)
Soul reaper
Strap (usually a pistol)
Tekk (any Intertech gun)
Thang
Throwdown
Thumper
Toaster (pistol, especially a semi automatic Glock .380 cal, .45 cal and 9mm pistol)
Tokes
Toolie (any gun)
Tray deuce (.32)
Whopper with cheese
Widow maker (one-shot break-action 12 gauge shotgun)

DNA and Serology Terminology
Terminología de ADN y Serología

A

Absolute quantitation. Cuantización absoluta
Acid. Ácido
Adenine. Adenina
Adenosine triphosphate (ATP). Trifosfato de adenosina
Agglutination. Aglutinación
Alcohol. Alcohol
Alkaline. Alcalino
Allele. Alelo
Alternative Hypothesis. Hipótesis alterna
Amelogenin. Amelogenina
Amino acid. Aminoácido
Amplicon. Amplicón
Amplification. Amplificación
Amplification plot. Curvas de amplificación (de fragmentos de ADN)
Antibody. Anticuerpo
Antigen. Antígeno
Antiserum. Antisuero
Autoclave. Autoclave
Autoradiogram. Autorradiograma

B

Base. Base
Base pair. Apareamiento de bases
Base substitution. Sustitución de bases
Baseline. Línea de referencia, línea base
Baseline value. Valor de línea de referencia

Bias. Parcialidad
Binning. Agrupamiento
Biological fluid. Fluido biológico, excreción corporal
Blot. Manchado, blot
Blot-Southern. Análisis Southern, prueba del manchado de Southern
Blot-Western. Análisis Western, prueba del manchado de Western
Bootstrapping. Bootstrapping
Boundary. Perímetro, límite
Buffer. Buffer

C

Calibrator. Calibrador
Capillary electrophoresis. Electroforesis capilar
Catalyst. Catalizador
Cell. Célula
Cell theory. Teoría celular
Centrosome. Centrosoma
Chance error. Error de casualidad
Chemical reaction. Reacción química
Chip. Chip
Chromatin. Cromatina
Chromosome. Cromosoma
Clone. Clon
Combined DNA Index System (CODIS). Sistema de índice de ADN combinado (CODIS)
Co-dominance. Codominancia
Codon. Codón
Coenzyme. Coenzima
Cofactor. Cofactor
Collect. Recolectar
Complementary. Complementario

Compound. Compuesto
Compound light microscope.
Microscopio compuesto de luz
**Confidence interval, confidence
limit.** Intervalo de confianza, limite
de confianza
Contamination. Contaminación
Control sample. Muestra controlada
Controls. Controles
Criterion. Criterio
Cross contamination.
Contaminación cruzada
Crossing over. Entrecruzamiento
Cross-over. Entrecruzamiento
Cytoplasm. Citoplasma
Cytosine. Citosina

D

D7S8. D7S8
Degeneracy (of the genetic code).
Degeneración
Degradation. Degradación
Denaturation. Desnaturalización
Deoxyribonucleic acid (DNA).
Ácido desoxirribonucleico (ADN)
Deoxyribose. Desoxirribosa
Dermis. Dermis
Digenic. Digenético
Diploid. Diploide
Direct count. Conteo directo
DIS80. DIS80
Disulfide bond. Enlace de disulfuro
DNA-Genomic. ADN genómico
DNA fingerprint. Identificación
genética
DNA probe. Sonda de ADN
DNA profile. Perfil de ADN
DNA sequence. Secuencia de ADN
DNA-binding agent. Agente de
unión de ADN
Dominant. Dominante
Donor cell. Célula donante
DQA1. DQA1

E

Efficiency of the reaction.
Eficiencia de la reacción
Electropherogram.
Electroferograma
Electrophoresis. Electroforesis
Elimination sample. Muestra de
eliminación
Endogenous. Endógeno
Endogenous control. Control
endógeno
Energy. Energía
Enzyme. Enzima
Epidermis. Epidermis
Eucaryote. Eucarionte
Evidence. Prueba, evidencia
Exclusion. Exclusión
Exemplar. Ejemplar
Exogenous. Exógeno
Exogenous control. Control
exógeno
Exon. Exón
Expressed sequence tag. Apéndice
de secuencia expresada
Extracellular enzyme. Enzima
extracelular

F

Filtration. Filtración
First responder. Primer interventor
Flora. Flora
Fluorescent microscope.
Microscopio fluorescente, de
fluorescencia
Forensic hit. Acierto forense
Forensic science. Ciencias forenses
Fragile evidence. Evidencia frágil
Frameshift mutation. Mutación de
estructura
Fungi. Hongo

G

Gamete. Gameto
Gel. Gel
Gene. Gen
  allelic g. g. alélico
  autosomal g. g. autosómico
  control g. g. de control
  dominant g. g. dominante
  histocompatibility g., H g. g. de
  histocompatibilidad g.H
  holandric g. g. holándrico, g. ligado
  a Y
  immune response g's. g. de
  inmunorrespuesta
  jumping g. g. saltarín
  lethal g. g. letal
  mimic g. g. mímico
  mitochondrial g. g. mitocondrial
  modifier g. g. modificado
  mutant g. g. mutante
  operator g. g. operador
  penetrant g. g. penetrante
  pleitropic g. g. pleitrópico
  polyphenic g. g. polifénico
  recessive g. g. recesivo
  regulator g. g. regulador
  repressor g. g. represor
  sex-linked g. g. ligado al sexo
  split g. g. dividido
  structural g. g. estructural
  suppressor g. g. supresor
  transfer g's. g. de transferencia
  transforming g. g. transformador
  X-linked g. g. ligado a X, g. situado
  en un cromosoma X
  Y-linked g. g. ligado a Y, g.
  holándrico
Gene amplification. Amplificación
de gen
Gene library. Biblioteca de genes
Generic variance. Variación
genética
Genetics. Genética
Genome. Genoma

Genome-mitochondrial (mt).
Genoma mitocondrial
Genotype. Genotipo
Glycohorin A (GYPA). Glicoforina
A
Gram stain. Tinción de Gram
Group specific component (GC).
Componente específico en un grupo

H

Haploid. Haploide
Haplotype. Haplotipo
Hardy-Weiberg Equilibrium.
Equilibrio de Hardy-Weinberg
Hardy-Weinberg Proportions.
Proporciones de Hardy-Weinberg
Hemoglobin G. Gammaglobin
(HBGG). Hemoglobina G. Gama
Globina
Heredity. Herencia
Heterogeneity-allelic.
Heterogeneidad alélica
Heterogeneity-genetic.
Heterogeneidad genética
Heteroplasmy. Heteroplasmia
Heterozygosity. Heterocigoidad
Heterozygote. Heterocigote
Heterozygous. Heterocigótico
Histogram. Histograma
Histone. Histona
Homologous. Homólogo
Human leukocyte antigen (HLA).
Antígeno leucocito humano (ALH)
Hybridization. Hibridización
Hybridization probe. Sonda de
hibridización
Hydrogen bond. Enlace de
hidrógeno
Hydrolisis probe. Sonda de
hidrólisis
Hypervariable. Hipervariable
Hypothesis. Hipótesis

I

In vitro. In vitro
Inbreeding coefficient. Coeficiente de endogamia
Inclusion. Inclusión
Inconclusive. Inconcluso
Independence. Independencia
Inert. Inerte
Intro. Intrón
Ion. Ión

J

Junk DNA. ADN basura

K

Karyotype. Cariotipo
Keratin. Queratina
Kinetic energy. Energía cinética
Kinship coefficient. Coeficiente de parentesco

L

Lagging strand. Hebra rezagada o retrasada
Leading strand. Hebra adelantada
Leukocyte. Leucocito
Linkage. Vínculo, asociación, unión
Linkage disequilibrium. Desequilibrio de enlace
Linkage equilibrium. Equilibrio de enlace
Local DNA Index System (LDIS). Sistema de índice de ADN local
Locus (plural = loci). Locus (plural = loci)
Lysis. Lisis

M

Major histocompatibility complex (MHC). Complejo de histocompatibilidad mayor
Marker. Marcador, indicador
Measurement scale. Escala de medición
Melting curve (dissociation) analysis. Análisis de disociación usando curvas de fusión
Messenger RNA (mRNA). Ácido ribonucleico mensajero (ARNm)
Metabolism. Metabolismo
Micron. Micrón
Mircroorganism. Microorganismo
Missene mutation. Mutación Missene
Mitochondria. Mitocondria
Mitosis. Mitosis
Mold. Moho
Molecule. Molécula
Morphology. Morfología
Multifactorial. Multifactorial
Multiplexing. Multiplicado
Mutagen. Mutágeno
Mutation. Mutación
Mutation point. Punto de mutación
Mutation rate. Tasa de mutación

N

Nanogram. Nanogramo
Nomenclature. Nomenclatura
Nonsense codon. Codón sin sentido
Nuclear DNA. ADN nuclear
Nuclear envelope. Membrana del núcleo
Nucleic acid. Ácido nucleico
Nucleic acid hybridization. Hibridización del ácido nucleico
Nucleic acid target. Blanco del ácido nucleico

Nucleotide. Nucleótido
Nucleous. Núcleo
Null hypothesis. Hipótesis nula

O

Offender hit. Acierto del ofensor
Organelle. Organelo

P

Passive reference. Referencia pasiva
Peptide. Péptido
Peptide bond. Enlace péptido
Phase-contrast microscope.
Microscopio de contraste de fase
Phenol. Fenol
Phenotype. Fenotipo
Plasma. Plasma
Plasma membrane. Membrana del
plasma
Polygenic. Poligénico
Polymarker (PM). Polindicador
Polymerase. Polimerasa
**Polymerase Chain Reaction
(PCR).** Reacción en cadena de la
polimerasa
Polymorphism. Polimorfismo
Potential Hydrogen (PH). Potencial
hidrógeno (PH)
Probe. Sonda
Procaryote. Procariote
Product. Producto
Protein. Proteína
Purine. Purina
Pyrimidine. Pirimidina

Q

Quality assurance. Aseguramiento
de calidad
Quality control. Control de calidad
Quencher. Apagador, extintor

R

Random control test. Prueba de
control sin método
Random error. Error aleatorio
Random match. Acierto aleatorio
Random match probability.
Probabilidad de coincidencia al azar
Rapid-cycle real-time PCR.
Reacción en cadena de la
polimerasa de ciclo rápido y tiempo
real
Recessive. Recesivo
Recombination. Recombinación
Recombinant DNA technology.
Tecnología recombinante de ADN
Reference. Referencia
Reliability. Confiabilidad
**Restriction Fragment Length
Polymorfism (RFLP).**
Polimorfismo de longitud de
fragmento de restricción
Replication. Duplicación,
reproducción
Restriction site. Posición de
restricción
Restriction endonuclease.
Endonucleasa de restricción
Restriction enzyme. Enzima de
restricción
Ribose. Ribosa
Ribosome. Ribosoma
Ribonucleic Acid (RNA). Ácido
ribonucleico (ARN)

S

Serial dilution. Dilución serial
Serology. Serología
Sequencing. Secuenciamiento
Short Tandem Repetitions (STR).
Repeticiones cortas en tándem
Single-locus probe. Sonda en un
solo locus

Single-use equipment. Equipo de un solo uso

Smear. Unto, frotis (sustantivo); Untar, frotar (verbo)

Solubility. Solubilidad

Solvent. Solvente

Somatic cell. Célula somática

State DNA Index System (SDIS). Sistema estatal de índice de ADN

Southern blot. Prueba del manchado de Southern

Spontaneous mutation. Mutación espontánea

Standard. Estándar, norma

Standard curve. Curva estándar

Sterile. Estéril

Strain. Cepa

Synthesis reaction. Reacción sintética

Substrate. Sustrato

T

Tandem repeat. Repetición en tándem

Telomere. Telómero

Termination codon. Codón de terminación

Terminator site. Ubicación del terminador

Threshold. Umbral

Trace evidence. Rastros de evidencias

Trait-dominant. Rasgo dominante

Trait-recessive. Rasgo recesivo

Transcription. Trascripción

Translation. Traducción

Technical Working Group for DNA Analysis Methods (TWGDAM). Grupo técnico de trabajo para métodos de análisis de ADN

U

Ultraviolet (UV) radiation. Radiación ultravioleta

Unknown. Desconocido

Uracil. Uracilo

V

Validity. Validez

Variable number of tandem repeats (VNTR). Número variable de repeticiones en tándem

Vector. Vector

Visible light. Luz visible

X

X-Chromosome. Cromosoma X

Y

Y-Chromosome. Cromosoma Y

Z

Zygote. Cigoto, zigoto

FINGERPRINTS TERMINOLOGY

TERMINOLOGÍA DE HUELLAS DIGITALES

A

Accidental whorl. Verticilo o torbellino accidental
Accurate. Preciso
Aluminum powder. Polvo de aluminio
Ammonium sulfide. Sulfuro amónico
Anthracene. Antraceno
Anthropometrics. Antropometría
Arch. Arco
Automatic Fingerprint Identification System-AFIS (USA). Sistema automatizado de identificación dactilar (EEUU)

B

Background. Fondo
Barium sulfate. Sulfato bárico
Bifurcation. Bifurcación
Bismuth subcarbonate. Subcarbonato de bismuto
Black-and-white photographic paper. Papel fotográfico blanco y negro
Bristle. Cerda

C

Cartridge. Cartucho
Central pocket loop. Lazo central del bolsillo
Chloride. Cloruro

Clean up the image. Limpiar la imagen
Cobalt oxide, cobalt monoxide. Óxido de cobalto, monóxido de cobalto
Common traits. Rasgos comunes
Comparison subsystem. Subsistema de comparación
Congenital. Congénita
Crime scene print. Huella dubitada
Cyanoacrylate (Super Glue). Cianoacrilato

D

Dactiloscopy. Dactiloscopia
Delta. Delta
Depressions, furrows, grooves. Surcos, depresiones
Dermis. Dermis
Developing process. Proceso de revelado
Diverse, made of various forms. Diversiformes
Dot. Punto
Double loop. Lazo gemelo
Double loop whorl. Lazo gemelo, lazo hermanado
Dragon's blood. Sangre de dragón, sangre de drago

E

Enclosure (lake). Ojal
Enhance (the image). Realzar (la imagen)
Entry subsystem. Subsistema de entrada

Epidermic relieve. Relieve
epidérmico
Ether euchomalachite solution.
Solución de eucomalaquita de éter
**Exemplar print (fingerprint
deliberately collected from a
subject).** Huella indubitada, huella
motivo de la comparación

F

Figure (numeral). Guarismos
(número, cifra)
Finger pulpa, digital pulpa. Pulpaje
dactilar
Fingerprint. Huella digital,
dactilograma
Fingerprint card. Ficha
dactiloscópica
Fingerprint file. Archivo
decadactilar
Fingerprint identification.
Identificación de huellas dactilares
Fingerprint lifting. Levantamiento
de huellas
Fingerprint pattern. Dibujo de
huellas dactilares
Fingerprint revealing laser. Láser
revelador de huellas
Fingerprint ridges. Crestas papilares
Fingerprint system. Sistema
dactiloscópico
Fingerprint by addition. Huella por
adición (sangre, etc.)
Fingertip pulp depressions. Surcos
del pulpejo digital
Fluorescent dye. Tinte fluorescente
Fluorescent powder. Polvo
fluorescente
Fluorescent reactive. Reactivo
fluorescente
Friction ridges. Crestas papilares
Furrows, valleys, depressions.
Surcos, depresiones
Fuzzy (image). Borroso (a)

G

Graphite. Grafito, plombagina
Grooves, furrows, depressions.
Surcos, depresiones

H

Hand-held wand-shaped gadget.
Aparato de mano en forma de
varita
Henry System. Sistema Henry
Hills. Crestas

I

Illuminated screen. Panel luminoso
Immutability. Inmutabilidad
Improve (the image). Mejorar
Individual features. Caracteres
individuales
Interpapillary depressions. Surcos
interpapilares
Iodine. Yodo
Iodine fuming. Humo de yodo
Ion-argon laser beam. Rayo láser
ión-argón
Island (short ridge). Fragmento

L

Latent (invisible) prints. Huellas
latentes
**Lead carbonate (white lead ore,
cerusite).** Carbonato de plomo
(blanco de plomo, cerusa, cerusita,
blanquíbolo)
Lifted fingerprints. Huellas por
sustracción
Loop. Lazo
Lycopodium. Licopodio

M

Magnetic brush. Brocha magnética
Magnetic powder. Polvo magnético
Manganese dioxide. Bióxido de manganeso
Matching process. Proceso de comparación
Metalloid iodine. Yodo metaloide

N

National Bureau of Standards-NBS. Oficina Nacional de Estándares (EEUU)
National Institute of Standards and Technologies-NIST. Instituto Nacional de Estándares y Tecnologías (EEUU)
Ninhydrin (triketohydrindene hydrate). Ninhidrina (hidrato de triketohidrindeno)

O

Oblique. Oblicuo

P

Palm of the hand. Cara palmar (de las manos), palma de las manos
Papilla (papillae-plural). Papila
Papillary expertise. Experticia papilar
Papillar morphology. Morfología papilar
Papillary comparison. Cotejo papilar
Partial fingerprint. Huella digital parcial
Partial print. Huella parcial
Patent prints. Huellas patentes, visibles

Pattern. Dibujo
Perenniality. Perennidad
Plain arch. Arco plano
Plain whorl. Torbellino, verticilo
Plant of the feet. Planta de los pies
Plastic print. Huella moldeada, plástica
Pulverized hidrastis rhizome. Rizoma de hidrastis pulverizado
Purple-blue print. Huella azul-morada

R

Radial loop. Presilla interna, presilla radial
Radius. Radio (hueso del antebrazo)
Relief line. Trazo en relieve
Ridge characteristics (minutiae). Puntos característicos
Ridge pattern. Dibujo de las crestas
Ridgelines. Sistema crestal

S

Scan. Escanear (v.)
Scanned. Escaneado (s.)
Sharp (image). Nítida (imagen)
Silver chloride. Cloruro de plata
Silver nitrate. Nitrato de plata
Single loop. Lazo
Smoke box. Caja de humo
Smoke chamber. Cámara de humo
Sodium chloride. Cloruro de sodio (sal de mesa)
Sodium hydroxide. Hidróxido de sodio
Solid crystal iodine. Yodo cristalino sólido
Structural variety. Variedad estructural
Surface. Soporte (superficie sobre la cual aparece la huella)
Sweat gland. Glándula sudorípara

T

Ten-finger set of prints.
 Decadactilograma
Tented arch. Arco tendido
Trifurcation. Trifurcación

U

Ulna. Cúbito (hueso del antebrazo)
Ulnar loop. Presilla externa
Unchangeable. Inalterable

V

Valleys. Depresiones, surcos

W

Wand. Varita
Whirlpool of ridgelines. Torbellino
 de sistema de crestas
Whorl. Torbellino, verticilo

Z

Zinc Orthosilicate. Ortosilicato de
 cinc
Zinc oxide. Óxido de cinc
Zinc sulfide. Sulfuro de cinc

ESPAÑOL-INGLÉS

BALÍSTICA TÉCNICA Y FORENSE Y ARMAS DE FUEGO

TECHNICAL AND BALLISTIC FORENSICS AND FIREARMS

0-9

2,4 dinitrotolueno.
2,4-dinitrotoluene
2 nitroso–1–naftol. 2–nitroso–1–
naphtol

A

A boca de jarro. Point blank
A quemarropa. Point blank
Abanico de enrarecimiento.
Rarefaction fan
Abastecer. Supply
Abatida. Abatis
Abatimiento de errores. Off-
setting errors
Abertura. Opening
Abertura pequeña. Small gap
Abotellada (casquillo).
Bottlenecked
Abrasión causada por la bala.
Bullet abrasion
Acabado de titanio. Titanium
finish
Acanaladuras. Grooves
Acción a cerrojo. Bolt action
Acción de bombeo (corredera).
Pump action
Acción de dar en el blanco. Hit
Acción de palanca. Lever-action
Acción de retroceso. Recoil action
Acción giroscópica. Rotational spin
Acción simple. Single action
Acción trepidante. Jarring action
Accion vibrante. Jarring action

Accionado a mano. Operated
manually
Aceleración angular. Angular
acceleration
Aceleración de guiñada. Yaw
acceleration
Aceleración negativa. Deceleration
Aceleración negativa angular.
Angular deceleration
Aceleró radialmente. Accelerated
radially away
Acero. Steel
Acero del cañón. Steel of the barrel
Acero dulce. Mild steel
Acero inoxidable. Stainless steel
Acero templado. Hardened steel
Acertar. Hit
Acetona de ebullición. Boiling
acetone
Acetonitrilo. Acetonitrile
Ácido clorhídrico. Hydrochloric
acid
Ácido de titanio. Titanium acid
Ácido desoxirribonucleico (ADN).
Deoxyribonucleic acid (DNA)
Ácido fluorhídrico. Hydrofluoric
acid
Ácido pícrico. Picric acid
Ácido rubeánico (ditioxamida).
Rubeanic acid (dithioxamide)
Ácido sulfanílico. Sulphanalic acid
Ácidos libres. Free acids
Acierto. Hit
**Acoplamiento de forma de
campana.** Bell-like fitting
Acoplamiento termomecánico.
Thermo-mechanic coupling
Acoplar. Fit together

Acorazado. Armor (sust.); armored (adj.)
Activación neutrónica. Neutron activation
Adherible. Tractable
Adherirse. Cling
Adiabático. Adiabatic
Adquisición de forma de hongo. Mushrooming
Aerobalística. Aeroballistics
Aerobalística alineal. Nonlinear aeroballistics
Aerobalística lineal. Linearized aeroballistics
Aerodinámica no lineal. Aerodynamic nonlinearities
Agente a cargo del lugar de los hechos. Scene of crime officer
Agente de policía con arma de fuego. Police firearms officer
Agente de policía de alto rango. Senior police officer
Agente de templabilidad. Hardening agent
Agente humectante. Moistening agent
Agente oxidante. Oxidizing agent
Ágil. Agile
Aglomerante mínimo de plomo. Minimal lead binder
Agolleteada (casquillo). Bottlenecked
Agriamiento. Strain hardening
Agriamiento de ley exponencial. Power-law strain hardening
Agrietamiento. Crackling
Aguantar. Pass-through
Aguas abajo. Downstream
Aguja percutora. Firing pin
Aguja percutora con su muelle. Firing pin with firing pin spring
Aguja percutora flotante. Floating firing pin
Ahumamiento. Blackening
Aire quieto. Still air
Ajustamiento curvado. Curve-fit

Alargamiento. Strain
Alcance eficaz. Optimum range
Alcance máximo. Maximum range
Alcohol absoluto. Absolute alcohol
Aleación. Alloy
Aleación a base de zinc. Zinc-base alloy
Aleación de aluminio. Aluminum alloy
Aleación de linotipo. Linotype alloy
Aleación de tungsteno duro. Hard tungsten alloy
Aleatorio. Stochastic
Aleta del seguro (del fiador). Safety catch
Aleta desviada. Bent fin
Alfa-naftol. Alpha-naphtol
Algoritmo. Algorithm
Alimentación. Feed
Alimentación por cinta (ametralladora). Belt feed
Alinealidad. Nonlinearity
Alinealidades. Nonlinearities
Alojado en la recámara. Placed in the barrel chamber, seated it in the firing chamber
Alojamiento del cargador. Magazine port
Alta intensidad. High intensity
Alta presión. High pressure
Alta velocidad. High velocity (HV)
Alternador tensorial. Alternator tensor
Alto explosivo. High explosive
Alto poder de penetrabilidad. High degree of penetrability
Alumina. Alumina
Alza con muesca. Sights with notch
Alza con muesca regulable. Adjustable notched sight
Alza de mira. Sight
Alza micrométrica. Micrometer sight
Alza posterior no ajustable. Fixed rear sight leaf

Alza regulable. Adjustable sight
Alzamiento del cañón. Barrel flip
Amartillar. Cock (verb)
Ambidiestro. Ambidextrous
Ambiente al vacío. Vacuum environment
Ametrallador trasero. Aft gunner
Ametrallador. Gunner
Ametralladora. Machine gun
Amortiguación de guiñada. Yaw damping
Amortiguador. Cushion
Amortiguador (separador) de goma. Rubber buffer
Amortiguamiento. Dampening
Amortiguar. Damp
Ampliación. Magnification
Amplitud de movimiento. Amplitude of the motion
Amplitud de radio. Arm amplitude
Amplitud de tensión. Stress amplitude
Análisis de mecánica de fluidos. Fluid mechanics analysis
Análisis de pruebas de armas de fuego. Analyzing firearms evidence
Analizador de rayos X. X-ray analyzer
Ángulo bajo de incidencia de tiro. Shallow angle of incidence of firing
Ángulo complejo de guiñada. Complex yaw angle
Ángulo de ataque. Angle of attack
Ángulo de ataque del proyectil. Angle of attack of the projectile
Ángulo de caída. Angle of descent
Ángulo de derrape. Angle of sideship
Ángulo de elevación. Angle of elevation
Ángulo de fase. Phase angle
Ángulo de guiñada. Yaw angle
Ángulo de guiñada al impacto. Yaw at impact

Ángulo de impacto. Angle of impact
Ángulo de nivel. Quadrant elevation
Ángulo de pandeo. Collapse angle
Ángulo de proyección. Angle of departure
Ángulo de resbalamiento sobre el ala. Angle of sideship
Ángulo de salto. Jump angle
Ángulo de semivértice conoide. Conoid semi-apex angle
Ángulo de Taylor. Taylor angle
Ángulo de tiro. Firing angle
Ángulo ojival. Ogive angle
Anilla de la correa. Sling ring
Anillo circular. Circular ring
Anillo de abrasión. Abrasion ring
Anillo de lubricación. Cannelure, lubrication ring
Anillo de resquebrajamiento. Spall ring
Anillo portacorreas. Lanyard ring
Ánima. Bore
Ánima estriada. Rifled barrel
Ánima lisa. Smooth-bore
Ánima rayada. Internal part of rifled barrel
Ánima sin estrías. Smooth bore
Anistrópico. Anistropic
Anodización. Anodizing
Anomalía aerodinámica. Aerodynamic jump
Antimonio. Antimony
Antimonio de azufre. Sulfur antimony
Antorcha. Torch
Apagallamas. Flash suppression
Aparato cargado por resorte. Spring-loaded device
Aplicador con punta de algodón. Swab
Aplicador con punta de algodón no tejido Litex 10. Non-woven cotton cloth swab Litex 10
Apreciación de la distancia. Distance determination

Apretar el gatillo. Pull the trigger, squeeze the trigger
Aproximación de Lagrange. Lagrange approximation
Apuntador. Gun-layer (aimer)
Aquebradización. Season cracking, embrittlement
Archivo General de Características de Rayado del FBI. FBI General Rifling Characteristics File
Archivos de crímenes sin resolver. Outstanding Crimes Files
Área de daño o herida en forma de estrella. Star-shaped area of damage or injury
Área de distancias (campo de tiro. Downrange
Área de forma angular. Angular shaped area
Área de la ropa libre de sangre. Blood-free area of clothing
Área del blanco. Target area
Área transversal. Cross-sectional area
Arista de acción del choque. Leading edge of the shock
Arma automática. Self-loading arm
Arma casera. Zip gun, home-made gun
Arma combinada. Combined arm
Arma corta. Handgun
Arma corta ligera. Light handgun
Arma de aire comprimido. Air gun
Arma de alta velocidad. High velocity weapon
Arma de baja velocidad. Low velocity weapon
Arma de fuego. Firearm, gun
Arma de fuego de fabricación casera. Zip gun, home-made gun
Arma de ráfaga corta. Burst gun
Arma de repetición. Repeater arm, repeating firearm
Arma de repetición de cargador tubular. Tubular-magazine repeating arm

Arma de retrocarga. Breech loading gun, rear loading gun
Arma de velocidad ultrarrápida de tiro horizontal que aniquila al instante. Ultra-high velocity flat-shooting lighting-strike kill weapon
Arma deportiva. Sporting gun
Arma disparada sin carga. Dry-fired weapon
Arma larga. Long gun
Arma ligera. Light gun
Arma operable a dos manos. Shoulder fired weapon
Arma pesada. Heavy weapon
Arma problema. Suspect weapon
Arma que se monta automáticamente. Self-cocking gun
Armamento. Armament
Armamento de fuego automático portátil. Portable automatic-fire weaponry
Armazón. Frame, pistol frame
Armazón del revólver. Revolver frame
Arrastre del culote (base). Base drag
Arrumbre. Rust scale
Artefacto. Device
Artilugio. Gadget
Artilugio parecido a un estribo. Stirrup-like device
Asidero. Grip (on side for pulling it back)
Asiento de la lesión. Wound site
Asiento de la lesión del misil. Missile wound site
Asimetría de aletas. Fin asymmetry
Asimetría de masa. Mass asymmetry
Asimetría del proyectil. Projectile asymmetry
Asincronización del cañón. Poor cylinder timing

Asociación de examinadores de armas de fuego y marcas de herramienta. Association of Firearm and Tool Mark Examiners (AFTE)
Atacador. Ram rod
Atascamiento del cañón. Barrel blockage
Atascamiento en el ánima del cañón. Fouling in the bore
Atmósfera. Atmosphere
Atomizador de líquido para rociar. Spray
Atracción descendente. Downward pull
Automática. Autoloader
Autopropulsado. Self-propelled
Avancarga, avantacarga. Muzzle loader
Avancarga. Muzzle loader
Avantacarga. Muzzle loader
Axialmente simétrico. Axially symmetric, axisimetric

B

Baja carga de rotura. Low tensile strength
Bajo ángulo de incidencia. Low angle of incidence
Bajo fuego. Under fire
Bala. Bullet, slug
Bala animada. Spinning bullet
Bala anormal alargada. Abnormal elongated bullet
Bala blindada con camisa completa. Full metal jacket (FMJ)
Bala caída. Spent bullet, falling bullet
Bala cola de bote. Boat-tail bullet
Bala completamente encamisada. Fully jacketed bullets
Bala con camisa de níquel. Nickel jacketed bullet
Bala dañada. Damaged bullet

Bala de aleación de plomo. Lead alloy bullet
Bala de arma corta, pistola y revólver. Handgun bullet
Bala de arma corta punta redonda de movimiento lento. Slow-moving round-nose handgun bullet
Bala de bastón de control antimotines. Riot control baton round
Bala de bote. Streamlined bullet
Bala de estaño. Tin bullet
Bala de goma negra. Black rubber bullet
Bala de plomo. Lead bullet
Bala de plomo común lubricada para revólver. Lubricated plain lead revolver bullet
Bala de poliuretano plástico color marfil. Ivory colored plastic polyurethane bullet
Bala de punta cónica. Conical point bullet
Bala de punta hueca dum-dums. Dum-dums
Bala de punta ojival aguda. Pointed bullet
Bala de punta ojival roma. Round nose bullet
Bala descendente. Falling bullet
Bala disparada. Spent bullet, falling bullet
Bala encamisada. Full metal jacket (FMJ), jacketed bullet
Bala encamisada con ranura. Slit-jacketed bullet
Bala encamisada de rifle de orden militar estilo Spitzer. Military jacketed Spitzer style rifle bullet
Bala expansible (SP, HP, etc.) Dum Dum bullet (SP, HP, capped-hollow cavity)
Bala lisa. Smooth bullet
Bala más dura. Harder bullet
Bala matapolicías. Cop killer

Bala para pistola punta redonda de plomo sólido. Solid lead round-nose pistol bullet

Bala perforadora. Cop killer

Bala punta blanda. Soft point bullet

Bala punta hueca. Hollow point bullet (HP)

Bala punta plana. Flat point bullet

Bala ranurada. Carved bullet

Bala semi encamisada. Semi-jacketed bullet

Bala talonada. Heeled bullet

Bala testigo. Laboratory-fired bullet

Bala trazadora. Tracer round

Bala volcada. Tumbled bullet

Balacera. Shootout

Balín de acero estándar. Standard steel BB

Balística. Ballistics

Balística analítica. Analytical ballistics

Balística de heridas. Wound ballistics

Balística de perdigones de escopeta. Shotgun pellet ballistics

Balística interior. Interior ballistics

Balística terminal. Terminal ballistics

Banda solista colocada encima del cañón. Raised barrel rib (vented barrel)

Bandas de cizallamiento. Shear banding

Bandas de deslizamiento. Slipping driving band

Baño maría. Water bath

Baño de tinta caliente. Hot dye bath

Baño ultrasónico. Ultrasonic bath

Baqueta. Cleaning rod, ram rod

Bares. Bars (gas pressure measurement)

Bario. Barium

Barra de bloqueo. Blocking bar

Barra de bloqueo o transferencia. Blocking or transfer bar

Barra de pistón provista de muelle. Piston bar with a spring

Barra de transferencia. Transfer bar

Barrenado de cañones. Gun boring

Barrido. Scanned

Basculante. Yoke, crane (sust.); Tilted (adj.)

Bascular (revólver abatible). Fold-out

Base de cartucho. Cartridge base

Base de datos. Database

Base de datos nacional de ADN. National DNA Database (NDNAD)

Base de la empuñadura. Heel of the grip

Base del disco. Head

Base del martillo. Foot of the hammer

Base del proyectil. Projectile base

Bases sencillas. Plain-based

Bastón arma. Cane guns

Basura. Trash

Bayoneta. Bayonet

Biela. Hammer strut

Bípode. Bipod

Bisturí. Scalpel

Bitartrato de sodio. Sodium bitartrate

Blanco blando. Soft target

Blanco de grosor intermedio. Intermediate thickness target

Blanco delgado. Thin target

Blanco metálico. Metallic target

Blanco móvil. Moving target

Blanco semi infinito. Semi-infinite target

Blindado. Armor (sust.); armored (adj.)

Blindaje de cerámica terracota. Terra cotta ceramic armor

Blindaje. Liner

Bloque basculante de acero. Hinged steel block

Bloque de cierre. Bolt block

Bloque de gelatina. Gelatin block

Bloque de la recámara. Chamber block

Bloque de recámara. Breech block

Bloque de recámara del cañón. Solid chamber block

Bloqueado. Locked (as in locked in the frame)

Bloqueo del cañón. Barrel blockage

Blu-tack. Blu-tack¬

Boca de cañón áspera. Rough muzzle

Boca de fuego. Muzzle

Boca de la vaina. Case mouth

Boca del arma. Muzzle

Bocacha apagallamas. Flash hider

Bola del cerrojo. Bolt handle

Bolsa de la piel. Pocket of skin

Bolsa de plástico con ofertas de prueba. Plastic exhibit bag

Bomba de tiempo. Time shell

Bombona de gas (armas de aire comprimido). Gas cylinder

Borde de proyección. Projecting edge

Borde desgarrado. Torn edge

Bordeado. Bounded

Botas Wellington para funeraria. Mortuary dedicated Wellington boots

Bote atomizador cargado al cinturón. Spray belt mounted canister

Bote de propulsión de aerosol a mano. Hand-held aerosol jetting canister

Bote presurizado. Pressurized canister

Botella de pólvora. Powder flask

Brazo de equilibrio. Trim arm

Brazo de reposo. Trim of repose

Brazo del cilindro. Cylinder hand

Brazo lento. Slow arm

Brazo o lado rápido. Fast arm

Brazo operado a mano. Manually operated arm

Brazos triciclos. Tricycle arms

Bronce. Bronze

Burbuja de cavitación. Cavitation bubble

Buzo. All-enveloping 'moon suit'

C

Cabeza de cierre. Bolt head

Cabeza de enrarecimiento. Rarefaction head

Cabeza de guerra. War head

Cabeza de onda. Head of the wave

Cabeza de onda de enrarecimiento. Rarefaction wave head

Cabeza de pistón. Piston head

Cabeza del martillo. Top of the hammer

Cabo adhesivo. Adhesive stub

Cabo de plástico. Plastic stub

Cacha. Grip panel, grip plate

Caja del cerrojo. Bolt housing

Caja del rifle. Stock

Cajón. Receiver

Cajón de mecanismos. Receiver action

Cálculo de volumen constante. Constant volume calculation

Cálculo de transmisión. Channel (prime)

Calentamiento causado por el choque. Shock heating

Calibrado de la vaina. Neck size

Calibrador Vernier de aguja. Vernier dial gauge

Calibrar. Size (lead bullet)

Calibrar el alza y mira de un arma. Zero a weapon

Calibrar un arma. Zero a weapon

Calibre. Gauge

Calibre de estría. Rifling caliber

Calidad del modelo, patrón o diseño. Pattern quality

Calor de detonación. Heat of detonation

Calor de reacción. Heat of reaction
Calor específico. Specific heat
Cámara de periferia. Periphery camera
Cámara digital. Digital camera
Cámara periférica. Periphery camera
Cambio adiabático de temperatura. Adiabatic temperature change
Cambio de munición. Deviating ammunition, ammunition deviation
Cambio de vector fuerza. Force vector changing
Cambio en el comportamiento del material. Material behavioral change
Camisa de acero con cubierta delgada de cobre. Thin copper-coated steel jacket
Camisa de acero laminada rígida. Ridged laminated steel jacket
Camisa ranurada, encamisada con hendidura. Slit jackets
Camisa Tombac. Tombac jacket
Campo de flujo subsónico. Subsonic flow field
Campo de tiro. Rifle range
Campos (partes salientes del ánima del cañón). Lands (high parts)
Canana. Cartridge belt
Canje inevitable entre dos condiciones antagónicas. Trade off
Cantonera. Butt plate
Cañón. Barrel, canon, gun tube
Cañón con ánima. Bored (true cylinder)
Cañón de ametralladora. Machine gun barrel
Cañón poligonal. Polygonal barrel
Cañón rayado. Rifled barrel
Cañón rayado de giro lento. Slow twist rifled barrel (canon raye)
Cañón sin retroceso. Recoilless rifle

Cañón ventilado. Ventilated, vented barrel
Cañón lateral. Side-by-side gun barrel
Cañonero. Gunner
Capa fundida. Melt layer
Capa mate. Dull layer
Capa protectora de superficies. Surface coating
Cápsula de bala trazadora. Bullet tracer capsule
Cápsula de fulminato. Percussion primer
Cápsula fulminante. Percussion cap
Carabina. Carbine
Característica Gurney. Gurney characteristic
Característica regresiva. Regressive feature
Características arenosas. Sand-like characteristics
Características del plano de cierre de la recámara. Breech face features
Carbonera. Coal bunker
Carbono. Carbón
Carburo de boro. Boron carbide
Carburo de silicona. Silicon carbide
Carcasa desprendible. Sabot
Carga. Cargo. Charge, loading
Carga aligerada. Lighter charge
Carga centrífuga. Centrifugal loading
Carga de alto explosivo. High explosive fill
Carga de balas pesadas de gran calibre. Large-caliber heavyweight bullet loading
Carga de compresión. Compressive load
Carga de corte de estáticas. Static cutting charge
Carga de deformación. Yield load
Carga de dispersión de aerogel a base de sílice. Silica-based aerogel dispersion loading

Carga de escopeta. Buckshot loading. Shot charge
Carga de gran choque. High-shock load
Carga de perdigones. Small shot charge
Carga de perdigones (escopeta). Shot
Carga de pólvora. Powder charge
Carga de pólvora de baja densidad. Low density powder charge
Carga de rifle de calibre pequeño de velocidad ultrarrápida. Ultra-high velocity small-caliber loading rifle
Carga de rotura. Tearing stress
Carga de sabot. Sabot loading
Carga de trazadores. Tracer loading
Carga en forma cónica. Conical-shaped charge
Carga hueca. Hollow charge, shaped charge
Carga neta. Net stress
Carga perforadora antiacorazado. Armor-piercing loading
Carga perforadora de tanque antiacorazado. Armor defeating tank gun loading
Carga principal. Main charge (match lock)
Carga propulsora. Propelling charge
Carga uniaxial. Uniaxial stress
Cargada automáticamente en la recámara. Self-loading, chambered
Cargador. Cartridge hold, clip, magazine. Charger, loader
Cargador achaflanado. Beveled magazine
Cargador biselado. Beveled magazine
Cargador de doble hilera. Double row magazine
Cargador de petaca. Box magazine

Cargador de reserva. Spare magazine
Cargador en la parte inferior de la empuñadura. Magazine catch (beneath the grip)
Cargador extra. Spare magazine
Cargador rápido. Speed loader
Cargador tubular. Tubular magazine
Cargar. Load
Carga pesada. Heavy charge
Carga pirotécnica. Pyrotechnical loading
Carga subcalibre perforadora de casquillo desechable sabot. Sub-caliber armor-piercing disposing-sabot loading
Carrera del proyectil. Projectile travel
Carrillera. Checkpiece
Cartuchera. Pouch
Cartucho. Cartridge. Round
Cartucho bueno. Live cartridge
Cartucho de alcance máximo. Maximum range cartridge
Cartucho de espiga. Pinfire cartridge
Cartucho de fogueo. Blank cartridge
Cartucho de instrucción. Drill cartridge
Cartucho de muestra. Sample cartridge
Cartucho de perdigones. Small-shot cartridge
Cartucho de rifle de gran calibre. Heavy rifle cartridge
Cartucho de salva debidamente alojado en la recámara y de cañón rayado. Suitably chambered rifled barrel blank
Cartucho de señales. Illuminating cartridge
Cartucho de tiro reducido. Short range cartridge

Cartucho de vaina metálica. Metallic cartridge case

Cartucho falso. Dummy cartridge

Cartucho Ferret penetrador de barricadas. Barricade penetrating "Ferret" cartridge

Cartucho fumígeno. Smoke cartridge

Cartucho incendiario. Incendiary cartridge

Cartucho multi bala. Multi-ball cartridge

Cartucho percutido de escopeta. Spent shotgun cartridge

Casi esférico(a). Near-spherical

Casquillo. Case, cartridge case, casing, shell

Casquillo con cebo (fulminante). Primed cartridge case

Casquillo de bayoneta. Bayonet base

Casquillo desechable. Sabot

Casquillo desprendible de hojas múltiples. Multileaved plastic sabot

Casquillo percutido. Spent cartridge case, spent round

Catálogo de municiones métricas. Metric ammunition catalog

Cavidad corporal. Body cavity

Cavidad expansiva esféricamente simétrica. Spherically symmetric expanding cavity

Cavidad temporal. Temporary cavity

Cavitación. Boundary layer separation

Cavitación temporal. Temporary cavitation

Cavitación ultrasónica. Ultrasonic cavitation

Cavitaciones. Cavitations

Cazoleta. Pan powder (match lock)

Cazoleta de la pólvora. Powder pan (flint lock)

Cebo. Primer

Cedencia. Yielding

Cedencia del blanco. Yielding of the target

Cedro. Cedar

Celulosa de maíz. Maize cellulose

Centralita de metilo. Methyl centralite

Centrar. Focus

Centro de gravedad. Center of gravity

Centro de gravedad desviado. Center of gravity offset

Centro de la base del cartucho. Middle of the foot of the cartridge case

Centro de masa. Center of mass

Centro de masa de gas. Gas mass center

Centro de tiro. Mean point of impact

Centro del blanco. Bull's eye

Ceñido. Clinging

Ceñirse. Cling

Cerrojo. Bolt, fastener, lock

Cerrojo deslizante. Sliding bolt

Cerrojo manual. Hand-operated bolt

Chaleco. Vest

Chaleco antibalas. Bullet proof vest

Chambrage. Chambrage

Chapa de alza. Back sight leaf

Chapado. Plated

Charco de sangre. Pool of blood

Chaveta. Cotter pin

Chimenea delgada. Tapering chimney (percussion lock)

Chispa. Spark

Chispa incendiaria calentada al blanco. White hot incendiary spark

Chocado. Shocked

Chocar con. Impinge

Choke atornillado. Screw-in choke tube

Choke cónico lineal. Linear tapered choke

Choke de un cuarto. Quarter choke (shotgun bore), $1/4$ choke
Choke full. Full choke
Choke lineal. Linear choke
Choke modificado. Modified choke
Choke super full. Super full choke
Choke tres cuartos. Three-quarter choke (shotgun bore), $3/4$ choke
Choque de compresión. Compression shock
Choque desplazante. Moving shock
Choque fijo. Stationary shock
Choque hacia la derecha. Right-going shock
Choque hacia la izquierda. Left-going shock
Choque incidente. Incident shock
Choques incontables. Innumerable collisions
Choques irreactantes. Non-reacting shocks
Chorro. Jet
Chorro a presión de un cohete. Rocket exhaust
Cieno. Silt
Científico forense. Forensic scientist
Cierre. Bolt, fastener, lock
Cierre de palanca articulada. Toggle-locking
Cierre de perno. Yoke locking
Cierre de rodillo. Roller-locking
Cierre de rotación. Rotation locking
Cierre de seguridad. Safety shut
Cierre de seguridad personalizado. Security lock
Cierre del tambor. Cylinder lock-up
Cierre por bloque. Falling block locking
Cierre por presión de los gases. Gas pressure locking
Cifra de mérito. Figure of Merit
Cilindros sólidos. Solid cylinders
Cinta. Belt
Cinta adhesiva de dos lados. Double-sided adhesive tape

Cinta de carga. Machine gun ammo belt
Cinta de medir. Steel tape measure
Cinta de medir de agrimensor (topógrafo). Surveyor's tape
Cizalladura. Shear
Cizallamiento. Shear
Cizallamiento adiabático. Adiabatic shearing
Cizallamiento intenso. Intense shear
Cizalleo. Shear
Clase de detonadores. Primer type
Clase de fulminantes. Primer type
Clavija. Pin
Clorato de potasio. Potassium chlorate
Cloroacetofenona. Chloroacetophenone
Cloruro férrico. Ferric chloride
Coalescencia de fractura. Fracture coalescence
Coalescencia. Coalescence
Cobre. Copper
Cociente. Quotient
Cociente de temperatura. Temperature ratio
Coeficiente aerodinámico. Aerodynamic coefficient
Coeficiente bilineal. Bilinear coefficient
Coeficiente de amortiguamiento de modo lento. Slow mode damping coefficient
Coeficiente de combustión del propulsor. Propellant burn coefficient
Coeficiente de fricción. Friction coefficient
Coeficiente de guiñada y resistencia aerodinámica nula. Zero-yaw-draw coefficient
Coeficiente de momento de vuelco cúbico. Cubic overturning moment coefficient

Coeficiente de momento de vuelco sin guiñada. Zero-yaw overturning moment coefficient

Coeficiente de régimen de quemado. Burning rate coefficient

Coeficiente de resistencia aerodinámica. Drag coefficient

Coeficiente de resistencia cúbica. Cubic-drag coefficient

Coeficiente de resistencia de fragmentos. Fragment drag coefficient

Coeficiente estrella. Starred coefficient

Coeficiente no estrellado. Unstarred counterpart

Coeficiente de rozamiento deslizante. Coefficient of sliding friction

Cohete luminoso. Flare

Cola de enrarecimiento. Rarefaction tail

Cola de milano. Dovetail

Cola de onda. Wavelet

Cola de onda de enrarecimiento. Rarefaction wave tail

Colisiones innumerables. Innumerable collisions

Color paja pálido. Pale straw color

Coloración azul brillante. Bright blue hue

Coloración azul franca. Bright blue hue

Coloración rojo-rosa. Pinkish red coloration

Coloración verde oliva. Olive green coloration

Coloración verde oscura. Dark green coloration

Colores de fondo. Background colors

Columna de carga de escopeta. Shot column

Columna de municiones. Ammunition column

Columna larga de tiro de escopeta. Long shot column

Combustión. Combustion

Compañero. Companion

Comparación. Matching rifling patterns

Comparación falsa. False-match

Compensación. Off-setting errors

Compensador. Compensator

Compensador de la boca del cañón. Muzzle brake

Compensador de tres recámaras. Three chamber compensator

Compensador integrado. Integral compensator

Completamente chapadas en latón. Completely covered with brass

Componente tangencial de velocidad. Tangential component of velocity

Componentes de desvío a causa del viento. Wind drift components

Componentes de una bala. Bullet parts

Comportamiento axialmente simétrico. Axisymmetric behavior

Comportamiento de chorro oscilante. Wavering jet behavior

Comportamiento de esfuerzo a deformación. Stress-strain behavior

Comportamiento de penetración. Penetration behavior

Comportamiento de reacción a chorro de modo mixto. Mixed mode jet behavior

Comportamiento de tiro horizontal. Flat shooting performance

Comportamiento de vuelo. Flight behavior

Comportamiento de vuelo de proyectil estabilizado por su animación. Spin-stabilized projectile flight behavior

Comportamiento hidrodinámico. Hydrodynamic behavior
Comportamiento lineal. Linear behavior
Compresibilidad bruta. Bulk compressibility
Comprimido. Compressed
Comprobación. Checking
Comprobar. Check
Compuesto de fibras desbarbadas. Chopped fiber composite
Compuesto reforzado por fibras. Fiber reinforced composite
Con base reducida. Rebated
Con culote reforzado. Belted
Con los componentes muy juntos. Tightly packed
Con reborde. Rimmed
Concentración incapacitante/ intolerable (IC). Incapacitating/ intolerable concentration (IC)
Concepto de origen virtual. Virtual origin concept
Condiciones límites. Boundary conditions
Condiciones sin flujo de aire. Still air conditions
Configuración. Pattern
Configuración de emparedado (sándwich) de frontal abierto. Open-faced sandwich configuration
Configuración de obturación. Tamper configuration
Confinación radial. Radial confinement
Confrontación de balas o proyectiles. Bullet matching
Confrontación de casquillos o vainas. Shell casing matching
Confrontación de proyectiles. Projectile comparison
Confrontación de vainas. Casing comparison
Conjetural. Stochastic

Conjunto de la corredera. Slide group
Cono trucado de acero. Truncated steel cone
Cono truncado. Truncated cone (TC)
Cono truncado (plano o sin punta). Truncated cone (TC) (flat or blunt nose)
Conoide. Conoid
Conoide de fractura. Fracture conoid
Conservación de momento. Momentum conservation
Constante de Gurney. Gurney constant
Constante de Lamé. Lamé constant
Constante de ritmo de combustión. Burning rate constant
Construcción densa. Tightly packed
Construcción sólida. Sound construction
Contacto duro. Hard contact
Continuo. Continuum
Contorno. Contour
Contra la corriente. Upstream
Contrapeso del cañón. Barrel weight
Control. Control
Control de producción. Production check
Coordenadas cartesianas. Cartesian coordinates
Coordenadas cilíndricas. Cylindrical coordinates
Copas, copitas. Flat-nosed wasted lead pellet
Coraza. Body armor
Cordel para la limpieza. Pull through
Correa. Strap
Correa de cuero. Leather strap
Correa portafusil. Sling
Corrección. Correction

Corredera. Black slight slide, slide (pistol)
Corriente abajo. Downstream
Corriente arriba. Upstream
Corriente turbulenta. Turbulent flow
Corrimiento (desplazamiento Doppler). Doppler shift
Cortaduras con navaja de afeitar. Razor slashes
Cortadura. Shear
Corte. Shear
Corte transversal. Cross section
Coseno. Cosine
Costados de los casquillos. Sides of the shell casings
Costra. Scab
Cotejo de diseños de rayado. Matching rifling patterns
Covolumen. Co-volume
Craterización de la superficie. Surface cratering
Crecimiento radial de fisuras. Radial crack growth
Crecimiento simétrico. Symmetric growth
Cresta de empuñadura. Beavertail
Cresta de onda. Wave head
Criterio de deformación. Yield criterion
Criterio de deformación de Mohr-Coulomb. Mohr-Coulomb yield criterion
Criterio de deformación de Von Mises. Von Mises yield criterion
Criterio de Mohr-Coulomb. Mohr-Coulomb criterion
Criterio de Tresca. Tresca criterion
Criterio de velocidad umbral. Threshold velocity criterion
Cromado. Chrome plating
Cromado duro. Hard chrome plating
Cromado negro. Black chrome plating

Cromatografía de líquidos de gran funcionamiento. High Performance Liquid Chromatography (HPLC)
Cruz hecha a propósito en su extremo. Purpose-formed cross marked in its end
Cuadrado de pruebas. Test square
Cuadrante frontal. Front face
Cuadrillado. Checkering
Cuadrillar. Checker
Cuadro. Frame, square
Cuadro de Lagrange. Lagrangian frame
Cubierta de plástico para zapatos. Plastic overshoe
Cubierta dura. Hard cover
Cubiertas de policarbonato. Polycarbonate covers
Cubierta Tombac. Tombac jacket
Cuello. Neck
Cuello de botella (casquillo). Bottlenecked
Cuerda. Cord, string
Cuerpo del casquillo. Cartridge case body
Cuerpo anterior. Fore body
Cuerpo axisimétrico perfecto. Perfectly axially symmetric body
Cuerpo axialmente simétrico. Axially symmetric body
Cuerpo de revolución. Body of revolution
Culata. Butt
Culata de bloque. Block stock
Culata sintética. Synthetic stock
Culata (caja). Stock
Culote. Head, cartridge case head
Culote de proyectil. Projectile base
Culote. Casing head
Cuña dura. Hard wedge
Cuproniquelado. Cupro-nickel
Curva. Curve
Curva balística. Ballistic curve
Curva bilineal. Bilinear curve

Curva de deformación a esfuerzo. Strain-stress curve
Curva de desplazamiento de carga. Load displacement curve
Curva de esfuerzo a deformación. Stress-strain curve
Curva de la trayectoria. Trajectory curve
Curva de presión. Pressure curve
Curva de tiempo-presión. Time-pressure curve
Curva polinomial. Polynomial curve
Curva trilineal. Trilinear curve
Curvatura. Curvature
Cúspide del punto de mira. Bead

D

Daño causado por el arma de fuego. Firearm related damage
Daño causado por la bala. Bullet damage
Dar cuerda. Wind-up (wheel-lock)
Dar en el blanco. Hit.
Datos de tiro. Firing data
De dos cañones (fusil). Double barreled
De inversión. Overturning
De paredes gruesas. Heavy-walled
De plomo con cabeza redonda. Lead round nose (LRN)
De quemado rápido. Fast burning
De quemadura lenta. Slow burning
De un cañón (fusil). Single barrel
De una etapa. Single stage
De volcamiento. Overturning
De volteo. Overturning
Decapado químico y electroquímico. Chemical and electrochemical etching
Deceleración. Deceleration
Declive linealizado. Linearized pitching
Deflagración. Deflagration

Deflagración de la pólvora. Powder deflagration
Deflexión. Deflection
Deformación. Yield, yielding, strain
Deformación monoaxial. Monoaxial stress
Deformado. Stressed
Dejar en remojo. Steeping
Delaminación media. Averaged delamination
Delaminado. Delamination
Delaminado inicial. Initial delamination
Delantal relleno de plomo. Lead-filled apron
Delta Kronekcker. Kronekcker delta
Densidad bloqueada. Locked density
Densidad chocada. Shocked density
Densidad del proyectil. Projectile density
Densidad inicial. Initial density
Densidad no impactada. Un-shocked density
Densidad seccional. Sectional density
Dependencia de relación de deformación cóncava hacia arriba. Concave-up strain rate dependency
Depósito de gránulos de pólvora. Powder granules incrustation
Depósito de municiones. Ammo dump, ammunition depot
Depósito holliniento. Sooty deposit
Deriva. Drift
Derivada. Derivative
Derivada de espacio. Spatial derivative
Derivada de sustancia (matemáticas). Substantial derivative
Derivada de tiempo. Temporal derivative
Derrotar. Defeat

Desaceleración angular. Angular deceleration
Desaceleración. Deceleration
Desarmar. Disarm
Desbridamiento de herida. Wound debridement
Descarga. Fill
Descarga de la onda explosiva. Blast wave of discharge
Descarga del proyectil. Projectile fill
Descargar. Unload
Descargo. Unloading
Desconectar. Disconnect
Desechable. Disposable
Desechos. Debris
Desechos de descarga. Discharge debris
Desenganchar. Disengage (to)
Desequilibrio dinámico. Dynamic imbalance
Desequilibrio estático. Static imbalance
Desestabilización. Tumbling
Desgarro en forma de estrella. Stellate ripping
Desgarro severo. Severe ripping
Deshomogeneidad local. Local inhomogeneity
Desigualdad local. Local inhomogeneity
Deslizamiento. Slippage
Desmontar. Disassemble
Desperfecto. Flaw
Desplazamiento. Displacement
Desplazamiento de tiempo. Time-displacement
Desprendimiento de la camisa. Jacket transition
Desprendimiento de vórtice. Vortex shedding
Desprendimiento forzado. Forcible detachment
Desprendimiento lateral. Lateral throwoff
Destello. Sparkle

Destrucción de interfaz. Interface defeat
Destrucción por incendio. Burnout
Destruir. Defeat
Desuso. Disuse
Desviación. Deflection
Desviación del proyectil. Deviation of projectile
Desviación dinámica. Dynamic deflection
Desviación estática. Static deflection
Desviar. Deviate
Desvío. Drift
Desvío de Coriolis. Coriolis drift
Desvío de la bala. Bullet jump
Desvío por efectos giroscópicos. Coriolis drift
Detención positiva. Positive detent
Determinación de la trayectoria. Trajectory determination
Detonación. Detonation
Detonación de volumen constante. Constant volume detonation
Detonación del cebo. Flash of the primer
Detonación terminal. Terminal detonation
Detonador Berdan. Berdan primer
Detonador Bóxer. Boxer type primer
Detonar. Detonate
Dextrórsum. Right spin (clockwise)
Diámetro de choke full. Full choke diameter
Diámetro de choke modificado. Modified choke diameter
Diámetro de choke modificado perfeccionado. Improved modified choke diameter
Diámetro de la recámara. Chamber diameter
Diámetro de la rosa de dispersión del tiro de escopeta. Shot-pattern diameter

Diámetro interno. Internal diameter
Diámetro interno del cañón. Bore diameter
Diamina. Diamine
Diana. Bull's eye
Diazole (2-diazon 4, 6, dinitrofenol). Diazole (2-diazo, 4, 6, dinitrophenol)
Dibenz (b,g) -1, 4-oxazapino (CR). Dibenz (b,f) -1, 4 oxazepin (CR)
Diboruro de titanio. Titanium diboride
Difenilbenzidina. Diphenylbenzide
Diferencia finita. Finite difference
Dinámica de fluidos. Fluid dynamics
Dinámica dentro del cañón. Tube dynamics
Dinámica en el ánima del cañón. In-bore dynamics
Dinamita goma. Gelatin block
Dinamómetro de aplastamiento de cobre. Copper crusher gauges
Dinitrotolueno. Dinitrotoluene
Dioptra (telescopio). Aperture sight
Dióxido de plomo. Lead dioxide
Díptero (telescopio). Aperture sight
Dirección de tiro. Fire control
Dirección del fuego. Direction of fire
Dirección del impacto. Impact direction
Dirección hacia arriba. Upward direction
Dirección perpendicular a la dirección de vuelo o transmisión. Crossrange direction
Dirección radial. Radial direction
Direcciones triortogonales. Three-orthogonal directions
Disciplina olímpica de tiro rápido con pistola. Olympic rapid-fire pistol shooting discipline
Disco. Casing head
Discontinuidad. Discontinuity

Discontinuidad de salto (punta de von Neumann). Jump discontinuity (von Neumann spike)
Discretización. Discretization
Discretizado. Discretized
Diseño. Pattern, rifling pattern
Diseño de estampado de fábrica. Factory swaged design
Diseño de rayado o estriado. Striation pattern
Diseño endeble de punta blanda. Flimsy soft-point design
Diseño concordante. Matching pattern
Disipación interna. Internal dissipation
Disipador térmico. Heat sink
Disociación. Dissociation
Disparador. Hair trigger, firing trigger, firer
Disparador presionado. Depressed trigger
Disparo. Gunshot
Disparo a corto alcance. Close-range gunshot
Disparo auto infligido. Self-inflicted shot
Disparo completo. Foxed round
Disparo de prueba. Test-fired shot
Disparo hecho a sí mismo. Self-inflicted shot
Disparo horizontal. Flat shooting
Dispersión. Dispersal
Dispersión de retorno. Back spatter
Dispersión del grueso de los perdigones. Spread of the bulk of the pellets
Dispersión máxima de las balas. Maximum dispersion of the bullets
Dispositivo. Device
Dispositivo de absorción de sonido. Sound-absorbing device
Dispositivo para disparar a distancia. Remote firing fixture
Dispositivo polichoke. Polychoke device

Distancia axial. Axial distance
Distancia de alcance. Catch-up distance
Distancia de fuego. Firing distance
Distancia de tiro. Firing range
Distancia del disparo. Distance of firing
Distancia entre la boca del cañón y el blanco. Muzzle-to-target distance
Distancia ilimitada. Dimensionless distance
Distancia mínima de seguridad. Minimum safety distance
Distancia recorrida. Traveled distance
Distanciómetro electro-óptico de rayo láser. Laser-projector teodolite
Distinto a cero. Nonzero
Distorsión. Distortion
Distorsionado. Distorted
Disuasores. Deterrents
Ditioxamida (ácido rubeánico). Dithioxamide (rubeanic acid)
Diversos sistemas de retícula. Various graticule systems
Doble acción. Double action
Doble etapa. Double stage
Doble gatillo. Double trigger
Doblez. Crimp
Dorso. Back strap
Dorso cuadrillado. Serrated grip safety
Dorso de la mano. Back of the hand
Dorso estriado. Ribbed grip safety
Dracma. Drachm
Dram de pólvora. Powder dram
Drams. Drams
DRUGFIRE (FBI). DRUGFIRE (FBI) Electronic database that contains digital images of fired bullets and casings
Dúctil. Ductile, maleable
Duración. Length

Duración de impulso. Pulse duration
Duración de la trayectoria. Time of flight
Dureza del material. Material hardness
Duración del vuelo. Time of flight
Dureza elevada. Increased hardness

E

Ebullición bajo reflujo. Boiling under reflux
Ecuación de estado de Kistiakiwsky-Wilson (K-W). Kistiakiwsky-Wilson (K-W) equation of state
Ecuación de momento de impulso impartido. Momentum Equation for Imparted Impulse
Ecuación de onda. Wave equation
Ecuación diferencial. Differential equation
Ecuación escalar. Scalar equation
Efecto de ahumamiento por descarga. Discharge blackening effect
Efecto de amasar. Kneading effect
Efecto de anillo de abrasión. Abrasion ring effect
Efecto de bombeo de gas por los costados. Lateral gas pump-through effect
Efecto de descarga de la pólvora. Powder discharge effect, discharge powdering effect
Efecto de dinámica de vuelo. Flight dynamic effect
Efecto de dispersión de retorno. Backspatter effect
Efecto de explosión del misil. Missile blow-up effect
Efecto de la explosión. Blast effect
Efecto de lanzamiento de chorro a presión. Jet effect

Efecto de negro de humo. Powder blackening effect

Efecto de orificio de entrada atípicos. Atypical entry wound effect

Efecto de penetración profunda. Deep penetration effect

Efecto del compensador. Muzzle device effect

Efecto detrás de la coraza o blindaje. Behind armor effect

Efecto direccional de salpicaduras de sangre. Directional effect of blood splashes

Efecto fronterizo. Boundary effect

Efecto límite. Boundary effect

Efecto no letal. Non-lethal effect

Efecto por los tacos. Wad effect

Efecto revelador. Tell-tale effect

Efecto vibratorio de la resistencia al aire. Buffeting effect of air resistance

Efluente. Outflow

Eje. Pin

Eje central. Central axis

Eje de detonación. Axis of detonation

Eje de guiñada. Yawing axis

Eje de inercia. Axis of inertia

Eje de intercepción. Axis intercept

Eje de simetría de la bala. Axis of symmetry of the bullet

Eje del ánima. Line of bore, bore axis

Eje del proyectil. Projectile axis

Eje del tambor. Cylinder axle

Eje geométrico. Geometric axis

Eje geométrico transversal. Transverse geometric axis

Eje línea. Centerline

Eje longitudinal de la bala. Long axis of the bullet

Eje neutro. Neutral axis

Eje principal. Principal axis

Eje principal transversal. Transverse principal axis

Ejes geométricos del proyectil. Projectile geometric axes

El cañón desciende. The barrel moves down

Electrodo de soldadura. Welding rod

Electrones de dispersión de retorno. Back-scattered electrons

Elemento de número atómico alto. High atomic number elements

Eliminación de retroceso. Neglecting recoil

Embadurnar. Smear

Embate. Onrush

Emisión de rayos X. X-ray emission

Emisiones por el compensador. Muzzle brake venting

Emparedado asimétrico. Asymmetric sandwich

Emparedado plano. Flat sandwich

Empate. Standoff

Empavonado. Blue steel

Emplomado. Lead wipe

Emplomamiento. Leading

Empuñadura. Grip, hilt, pistol grip

En forma de pétalos. Petaling

Encamisada y punta blanda. Jacketed soft point (JSP)

Encamisada y punta hueca. Jacketed hollow point (JHP)

Encasquillado. Failure to extract/eject

Enchapado delgado de latón. Thin layer of brass coating

Endurecido a la llama. Flame hardened

Energía cinética. Kinetic energy

Energía de choque de los perdigones. Pellet striking energy

Energía de rayos X en keV. X-ray energy in KeV

Energía de retroceso. Recoil energy

Energía química. Chemical energy

Energía umbral. Threshold energy

Energía umbral por área transversal para la penetración de la piel humana. Threshold energy per cross-sectional area for human skin penetration

Engarce. Crimping

Engarce metálico. Metal crimp
Engrasar. Lubricate
Enmascaramiento de aletas. Fin masking
Enrarecimiento. Rarefaction
Ensamblar. Assemble
Ensanchamiento o comba del cañón. Barrel bulging
Ensanchar. Reaming
Entrada. Inflow
Envolturas de casquillo de proyectil desprendibles (desechables). Discarding sabot wrappings
Envuelta. Liner
Equilibro dinámico. Dynamic equilibrium
Equipo (instalación) analítico de microsonda. Microprobe analytical facility
Equipo (instalación) de microsonda. Microprobe facility
Equipo para la limpieza de las armas. Rifle cleaning kit
Erosión de la barra. Rod erosion
Erosión hidrodinámica. Hydrodynamic erosion
Escala del pie del alza. Sight scale division
Escala Kevin. Kevin scale
Escala logarítmica de decibelios. Logarithmic decibel scale
Escala o distancia apropiada. Suitable range
Escalares. Scalars
Escalas de Rankine. Rankine scales
Escalpelo. Scalpel
Escama de óxido. Rust scale
Escamación. Spalling (brittle)
Escamas cuadradas. Square flakes
Escaneado. Scanned
Escariar. Reaming
Escobilla para la limpieza de los cañones. Cleaning brush
Escobillón. Bore bush
Escopeta. Shotgun

Escopeta de cañones laterales. Side-by-side shotgun
Escopeta de cañones superpuestos. Underover shotgun
Escopeta de gran calibre. Large gauge shotgun
Escopeta de tres cañones. Triple-barreled shotgun
Escopeta policíaca. Police type shotgun
Escopeta recortada. Sawn-off shotgun
Escopeta repetitiva. Repeating shotgun
Escoriado. Abraded
Escotadura. Cut-away
Esfera. Sphere
Esfera de plomo. Lead sphere
Esferas sólidas. Solid spheres
Esfericidad. Sphericity
Esferoidización de los perdigones de escopeta. Balling of shot gun pellets (the pellets fuse together)
Esfuerzo. Stress
Esfuerzo cortante. Shear stress
Esfuerzo de cohesión. Cohesive stress
Esfuerzo de flexión. Bending stress
Esfuerzo de tracción. Tensile cracks
Esfuerzo monoaxial. Uniaxial strain
Esfuerzo neto. Net stress
Esfuerzo. Attendant stress
Esfuerzo reflejado. Reflected stress
Espalación. Spallation
Especialista en balística. Ballistician
Espectrografía. Spectrographics
Espectroscopía de masa de acoplamiento inductivo. Induction Coupled Mass Spectroscopy (ICPMS)
Espectrograma. Spectrogram
Espiga de seguridad. Firing pin safety peg
Espiga del bloque. Operating pin
Espira. Spire

Espiral. Spiral
Espoleado. Checkered
Espoleta de ojiva. Nose fuse
Esquirlas. Shrapnel
Estabilidad de la bala. Bullet stability
Estabilidad dinámica. Dynamic stability
Estabilidad giroscópica. Gyroscopic stability
Estabilizadores. Stabilizers
Estadístico. Stochastic
Estado constante. Constant state
Estado final. Final state
Estallido del cañón. Barrel burst
Estampado. Stamped
Estampar. Stamp
Estancado. Standoff
Estancamiento. Standoff
Estaño. Tin
Estáticamente estable. Statically stable
Estereo microscopio. Stereo microscope
Estereo microscopio de baja potencia. Low-power stereo microscope
Estereo microscopio de banco de baja potencia. Low-powered stereo bench microscope
Estifnato de plomo. Lead styphnate
Estirado. Strained
Estocástico. Stochastic
Estopa de limpieza. Cleaning tow
Estoque. Rapier
Estrías. Grooves, striations
Estrías con sentido de giro a sinistrorsum. Left (counterclockwise) twist striations
Estrías de engarce. Grease waves
Estrías de marcas de herramienta. Striated tool-marks
Estrías en espiral. Spiral grooves
Estrías inclinadas hacia la derecha. Right (clockwise) twist striations
Estrías individualizadas. Individualizing striations

Estrías y campos. Grooves and lands
Estrías y partes planas. Grooves and lands
Estrías y salientes. Grooves and lands
Evidencia de rastros. Trace evidence
Examen del lugar de los hechos. Crime scene examination
Examen de rayos X. X-ray examination
Examen inicial. Initial examination
Examen postmortem. Postmortem examination
Examinador forense de armas de fuego. Forensic firearms examiner
Explorado. Scanned
Explosión. Blast, explosion
Explosivo de gran potencia. High explosive
Explosivo no reactante. Un-reacted explosive
Explosivo recatado. Reacted explosive
Exponentes de amortiguamiento. Damping exponents
Expresión Ingalls-Siacchi. Ingalls-Siacchi expression
Extractor de vainas. Cartridge extractor
Extremo posterior del misil. Trailing end of the missile
Extremos de las estrías del ánima. Lands' upright edges
Eyecciones secundarias. Secondary ejecta
Eyector de resorte. Spring-loaded ejector

F

Fabrica de pólvora. Gunpowder mill
Fabricantes de balas. Bullet smiths
Factor de estabilidad dinámica. Dynamic stability factor

Factor de estabilidad giroscópica.
Gyroscopic stability factor
Factor de forma. Form factor
Factor de mérito. Figure of Merit
Factor de vainas. Cartridge factor
Falla de fuego. Misfire
Falla de tiro. Misfire
Falla mecánica. Mechanical fault
Falsa comparación. False-match
Fango. Silt
Fenolftaleína. Phenolphthalein
Fenómeno de combustión.
Combustion phenomena
Fiabilidad. Reliability
Fiador. Sear
Fiador del martillo. Sear
Fibra mineral. Mineral fiber
Filas de munición. Ammunition
ranks
Filtro membrana. Membrane filter
Fin de recorrido del disparador.
Trigger stop
Física de choques. Shock physics
Física de detonación. Detonation
physics
Física de onda de enrarecimiento.
Rarefaction wave physics
Fisura de cizallamiento. Shear crack
Fisura en forma de estrella. Star
crack
Fisura lateral. Lateral crack
Fisura longitudinal. Longitudinal
cracks
Fisura radial. Sharp radial crack
Fisurización. Season cracking,
embrittlement
Flamazo. Flash
Flash de fotografía de rayos X.
X-ray flash photography
Flecha. Apex (zenith)
Fluido estancado. Stagnant fluid
Fluido incomprimible.
Incompressible fluid
Fluido no viscoso. Inviscid fluid
Fluido viscoso. Viscous fluid
Flujo de aire. Air stream

**Flujo de campo transónico
o supersónico.** Transonic/
supersonic flow field
Flujo de seguimiento estable.
Steady following flow
Flujo gaseoso. Gas stream
Flujo inducido. Induced flow
Flujo plástico. Plastic flow
Flujo turbulento. Turbulent flow
Flujo unidimensional. One-
dimensional flow
Fluorescencia de rayos X. X-ray
fluorescence
Fogonazo. Flash, muzzle flash
**Fogonazo de boca supersónico
explosivo repentino.** Sudden
explosive supersonic muzzle blast
Fomentar (una reacción química).
Foster (a chemical reaction)
Fórceps. Forceps
**Forma como estén practicadas las
estrías de rotación.** Sharpening
of the rotating grooves
Forma cónica. Conical form
Forma de bala. Bullet shape
Forma de cono. Cone shaped
Forma de disco. Disc-shaped
(plomb disco)
Forma de estrella. Stellate shape
Forma de la cavidad temporal.
Temporary cavity shape
Forma de la punta del proyectil.
Projectile nose shape
Formación de costras o postillas.
Scabbing
Formación de municiones. Fire
forming (ammunition)
Formación de obturadores. Plug
formation
Formación de pétalos. Petaling
**Formación de propulsiones
en carga hueca.** Shaped jet
formation
Formalina. Formalin
Fórmula de cebo (fulminante).
Primer formulation

Formula de cebos sin plomo/ metales pesados. Lead/heavy metal-free primer formulation
Fórmula de revestimientos no corrosivos. Non-corrosive primer formulation
Forro. Liner
Fortaleza. Strength
Fosfatado. Phosphate type finish
Fosfato acuoso de metanol. Methanol aqueous phosphate (pH3)
Fotografía cinematográfica ultrarrápida. High-speed cine photography
Fotografía del lugar de los hechos. Scene photograph
Fotografía infrarroja. Infrared photography
Fotografía tomada por una cámara periférica. Periphery camera picture
Fotografía ultrarrápida de flash triple. High-speed triple flash photograph
Fotografía ultrarrápida de imagen congelada. High-speed freeze-frame photography
Fracción molar. Mole fraction
Frágil. Frangible
Fragilización. Season cracking, embrittlement
Fragmentación. Fragmentation
Fragmentos. Fragments
Fragmentos de masa más baja. Lower mass fragments
Francotirador. Sniper
Frangible. Frangible
Frecuencia de giro. Rate of turning, roll spin rate, rotating speed
Frecuencia de giro ilimitado. Dimensionless turning rate
Frecuencia de giro. Turning frequency
Frecuencia de guiñada. Yaw rate
Frecuencia de nutación. Nutation frequency

Frecuencia de precesión. Precessional frequency
Frecuencia de viraje. Turning frequency
Frente de detonación. Detonation front
Frente. Front
Fresar. Reaming
Fricción. Friction
Fricción en el ánima. Bore friction
Frontal. Front
Fuego a larga distancia. Long-range fire
Fuego concentrado. Concentrated fire
Fuego de apoyo. Supporting fire
Fuego pasivo. Massed fire
Fuente de luz infrarroja abundante. Infrared-rich light source
Fuente fría. Heat sink
Fuerza aerodinámica. Aerodynamic force
Fuerza alineal. Nonlinear force
Fuerza axial. Axial force
Fuerza centrífuga. Centrifugal force
Fuerza centrípeta. Centripetal force
Fuerza compresiva no confinada. Un-confined compressive strength
Fuerza de inversión. Overturning force
Fuerza de penetración. Penetration force
Fuerza de sustentación. Lift force
Fuerza de volteo. Overturning force
Fuerza descendente. Downward force
Fuerza radial. Radial strength
Fuerza retardada. Retarding force
Fuga de fulminante. Primer leak
Fulminante. Primer (sust.)
Fulminante. Sudden (adj.)
Fulminato antióxido. Rust-free fulminate
Fulminato de mercurio. Mercury fulminate

Funda. Case, cover, casing. Shell. Tube (body)
Funda de plástico. Plastic body
Fundirse. Coalesce
Fusil. Rifle
Fusil ametrallador. Sub-machinegun
Fusil automático pesado. Heavy assault rifle
Fusil de asalto. Assault weapon
Fusil semiautomático. Autoloader rifle, semiautomatic rifle
Fusilero. Rifleman
Fusilero granadero. Rifleman-grenadier
Fusión. Coalescence

G

Ganancia de velocidad. Velocity gain
Garganta de la culata. Small of the butt
Gas de la pólvora. Powder gas
Gas de pólvora a alta presión. High-pressure powder gas
Gas lacrimógeno. Tear gas
Gas nítrico. Nitric gas
Gas politrópico. Polytropic gas
Gas propulsor. Propellant gas
Gas reactado. Reacted gas
Gatillo. Hair trigger, trigger
Gatillo presionado. Depressed trigger
Gel balístico. Ballistic gel
Gelatina balística. Ballistic gel
Gelatina de artillería. Ordnance gel
Gelatinización. Gelatinization
Geometría cilíndrica. Cylindrical geometry
Geometría de la bala. Bullet geometry
Geometría esférica. Spherical geometry

Geometría preformada. Preformed geometry
Gigapascal (Gpa). Gigapascal (Gpa)
Giro a dextrórsum. Right-hand spin
Giró hacia arriba. Spun up
Giro rotativo de estabilización. Stabilizing rotational spin
Giroscopio. Gyroscope
Gollete. Cartridge case neck
Gollete. Neck
Golpe de mina de Hoffman. Stellate injury
Golpe impenetrante. Non-penetrating hit
Golpear. Impinge
Goma antideslizante. Non-slip rubber
Gotitas derretidas. Molten droplets
Gradiente de Chambrage. Chambrage gradient
Gradiente de deformación. Deformation gradients
Gradiente de densidad de espacio. Spatial density gradient
Gradiente de Lagrange. Lagrange gradient
Gradiente severa. Severe gradient
Grado de dispersión de la carga de escopeta. Degree of spread of the shot charge
Grado de golleteado (choke). Degree of choke
Grado de golleteado (choke) del ánima. Degree of choke boring
Grado de libertad. Degree of freedom
Grado de retraso. Degree of retardation
Gráfica de tiempo y desplazamiento. Time displacement plot
Grafito. Graphite
Gran calibre. Heavy caliber
Gran dureza. Increased hardness

Gran esfuerzo de tensión. High tensile stress

Gran fuerza de compresión. High compressive strength

Gran fuerza de parada. Great stopping force

Granada de humo. Smoke grenade

Granada de alto explosivo. High explosive shell

Granada de carga hueca. Shaped-charge shell

Granada de fusil fumígena. Rifle smoke grenade

Granada de metralla. Shrapnel shell

Granada fragmentaria. Shrapnel shell

Granada iluminante. Illuminating shell, star shell

Granada incendiaria. Incendiary grenade (shell)

Granada perforadora. Armor piercing shell (grenade)

Granada semi-perforadora. Semi-armor piercing shell (grenade)

Grano de pólvora. Powder grain

Granos de pólvora parcialmente consumidos. Partially consumed powder grains

Granos de pólvora sin quemar. Un-burnt powder grains

Granos-Gramos. Grains-Grams

Gránulos de pólvora. Powder granules

Grieta lateral. Lateral crack

Grieta radial. Radial crack

Gris mate. Dull gray

Grosor de red. Web thickness

Grosor del resquebrajamiento. Spall thickness

Grupo de cartuchos. Stack of cartridges

Grupo de números dispuestos como en la carátula del reloj. Set of numbers on the clockface

Grupo de perdigones. Group of pellets (shot)

Grupo del disparador. Trigger group

Grupos de velocidades Mach. Mach bands (velocity regions)

Guantes quirúrgicos. Surgical gloves

Guardamanos. Hand guard

Guardamonte. Trigger guard

Guía de muelle del martillo. Hammer spring guide

Guiñada de ciclo limitado. Limit-cycle yaw

Guiñada de la bala e inestabilidad de vuelo. Bullet yaw and stability in flight

Guiñada de modo cúbico rápido lineal. Yaw for linear cubic fast mode

Guiñada de modo lento cúbico lineal. Yaw for linear cubic slow mode

Guiñada de reposo. Yaw of repose

Guiñada inicial. Initial yaw

Guiñada. Yaw

H

Habilidad acrobática en un medio sin fuerza de gravedad. Zero gravity acrobatic skill

Hacer impacto. Hit.

Hallazgos fundamentales. Key findings

Hallazgos potenciales. Potential findings

Halo de abrasión. Ring-shaped abrasion injury

Halo de contusión. Abrasion ring, contusion ring

Halo de residuos descargados. Halo of discharged residues

Halógeno. Halogen

Haya. Birch

Hélice. Helix

Hemorragia subcutánea. Subcutaneous hemorrhage
Hendidura. Nick, notch, slit, slot
Hendidura longitudinal. Long slit (vented barrel)
Herida. Wound
Herida con perdigones. Pellet injury
Herida con un instrumento afilado. Puncture wound
Herida de bala. Gunshot wound
Herida de bala rebotante. Rebounding bullet injury
Herida de bala Wadcutter. Wadcutter type wound
Herida de punción. Puncture wound
Herida de tatuaje. Tattoo injury
Herida penetrante. Through-wound
Herida punzante. Punctuate injury
Herida punzante de tatuaje. Punctuate tattooing injury
Herida satelital múltiple. Multiple satellite injury
Herida supeficial poco profunda. Shallow surface wound
Herida substantiva. Substantive wound
Herida trivial, común, ordinaria. Trivial injury
Herramienta. Tool
Herramienta activada por pólvora. Industrial stud gun
Herramienta para fulminantes. Primer tool
Hidro código. Hydro-code
Hidrogeniones. Hydrogen ions
Hidrostato. Hydrostat
Hidróxido de potasio. Potassium hydroxide
Hierro gris de fundición. Gray cast iron
Hipérbola. Hyperbola
Hisopo con punta de algodón. Swab

Hisopo con punta de algodón no tejido Litex 10. Non-woven cotton cloth swab Litex 10
Hojas del taco de base de plástico. Leaves of the plastic wad
Homogéneo. Homogeneous
Hoplología. Hoplology, weaponology, (study of weapons)
Horizonte. Azimuth
Horquilla. Yoke, crane
Hueco. Recess
Huella de impacto de la pólvora. Powdering impact mark
Huella de pólvora. Powdering mark
Huella del plano de cierre de la recámara. Breech face mark
Huella ofensora. Offending mark
Hugoniot hacia la derecha. Right-going Hugoniot
Hugoniot hacia la izquierda. Left-going Hugoniot

I

Ileso. Unscathed
Ilimitado. Unbounded
Imán. Magnet
Impacto longitudinal de fuerza. Longitudinal impact of force
Impacto no penetrante. Non-penetrating hit
Impacto. Hit
Impactos de bala. Bullet strikes
Impedancia. Impedance
Impedancia acústica. Acoustic impedance
Impedancia al choque. Impedance shock
Impenetración. Non-penetration
Imperforación. Non-perforation
Imprecisión. Inaccuracy
Imprecisión del arma. Weapon inaccuracy
Impresión. Pattern

Impresión de falla de fuego.
Misfire mark
Impresión de rayado. Rifling
impression
**Impresión dejada por el bloque de
la recámara.** Breechblock pattern
**Impresión del percutor en forma
de navaja.** Blade-like firing pin
impression
**Impresión del plano de cierre
de la recámara.** Breech face
impression
Impresión en el culote. Impression
on the bottom of the casing
**Impresión hemisférica del
percutor.** Hemispherical pin
impression
Impresión (huella) de los campos.
Land impressions
Impresión más profunda. Deeper
impression
Impulso aplicado. Applied pulse
Impulso de choque. Shock pulse
Impulso diente de sierra. Saw-
tooth pulse
Impulso instantáneo trivial. Trivial
momentary impulse
Impulso rectangular (cuadrado).
Square pulse
Impulso reflejado. Reflected
impulse
Incapacitación. Incapacitation
Incidencia de rebote. Incidence of
Ricochet
Incidir sobre. Impinge
Inclinación. Slope, tilt
Inclinado. Canted
Inclinar. Slope
Indefinido. Unbounded
Indicador. Indicator; gauge
Indicador de blanco móvil.
Moving target indicator
Indicador de cartucho. Cartridge
indicator
Índice de refracción. Refractive
index

Índice refractivo. Refractive index
Índice relativo de incapacitación.
Relative incapacitation index (RII)
Inestabilidad de la bala. Bullet
instability
Inflexión (matemáticas). Twist
Influjo. Inflow
Informe del patólogo. Pathologist's
report
Inmensurabilidad.
Nondimensionalization
Insonorización. Sound proofing
Inspección de producción.
Production check
Instrumento apropiado. Suitable
instrument
**Interacciones de cambio de gran
energía.** High-energy change
interactions
Interacciones de choques. Shock
interactions
Interfaz. Interface
Interior de la corredera. Bottom of
the slide
Interior de la recámara. Barrel
chamber
Interpolación. Interpolation
**Introducida en la recámara
manualmente.** Loaded manually
Inyección. Jet
Inyección hidrodinámica.
Hydrodynamic injection
Isentropa. Isentrope
Isentropa traccional. Tensile
isentrope
Isentrópico, Isentrópica. Isentropic
Isótopo de uranio radioactivo.
Radioactive uranium isotope

J

Jabón balístico. Ballistic soap
**Juego de aplicadores con punta de
algodón.** Swabbing kit

Juego de hisopos. Swabbing kit
Julios. Joules

K

KeV (miles de electrovoltios). KeV (thousands of electron volts)
Kilográmetro (Kpm). Kilogram-meter (Kpm)

L

Laboratorio de pruebas. Proof house
Laceración. Laceration
Lacrimógeno. Lachrymator
Ladeado. Canted
Lado de detonación. Detonation side
Lámina. Lamina
Laminado, laminar. Laminate
Lanzamiento del cañón. Gun launch
Latón. Brass
Lavador. Cleaning rod
Lesión. Wound
Lesión con perdigones. Pellet injury
Lesión de defensa. Defensive wound
Lesión de tatuaje. Tattoo injury
Lesión en forma de estrella. Stellate injury
Lesión penetrante. Penetrating wound
Lesión substantiva. Substantive wound
Letalidad. Lethality
Leva del tambor. Cylinder hand/pawl
Ley de Hooke. Hooke's law
Ley de la conservación de energía. Law of conservation of energy
Ley de Piobert. Piobert's Law
Ley de rendimientos decrecientes. Law of diminishing returns

Liberado. Removed (as in removed locking system)
Liberar el cargador. Clip out
Libras por pulgada cuadrada. Pounds per square inch (psi)
Ligado. Bounded
Lija de agua. Wet-and-dry abrasive paper
Lima. File
Limar. File off
Limar los números de serie. File off the serial number
Límite. Threshold
Límite aparente de elasticidad. Yield strength
Límite balístico. Ballistic limit
Límite de elasticidad de Hooke. Hooke's elastic limit
Límite de resquebrajamiento incipiente. Incipient spall threshold
Límite de velocidad. Limit velocity
Límite distal. Distal boundary
Límite distal en la penetración. Distal boundary on penetration
Límite elástico. Yield strength
Límites libres. Free boundaries
Limpiador ultrasónico. Ultrasonic cleaner
Línea de fuego. Line of fire
Línea de mira. Sight line
Línea de miras. Sighting line
Línea de partida. Line of departure
Línea de Rayleigh de choque de compresión. Compression shock Rayleigh line
Línea Rayleigh. Rayleigh line
Listas Mach. Mach bands (velocity regions)
Llama. Flash
Llave de caja. Box key
Llave de mecha. Match lock
Llave de percusión. Percussion lock
Llave de rueda. Wheel lock
Llave de seguridad. Security lock
Llave de silex. Flintlock

Lluvia de mísiles secundarios. Shower of secondary missiles
Localizador. Spotter
Localizador de ruta del blanco aéreo. Target plotter
Longitud. Length
Longitud de impulso. Pulse length
Losa. Slab
Lubricación externa. Outside lubrication
Lubricante. Lubricant
Lubricar. Lubricate
Lupa plegable No.10. Folding x10 magnifier

M

Madeja de hilo torzal (de vela). Ball of twine
Magnaflux. Magnaflux
Magnitud constante. Constant magnitude
Mala alineación del cañón y la recámara. Poor barrel-chamber alignment
Maleable. Malleable, ductile
Mameluco (Arg). All-enveloping 'moon suit'
Manchado de sangre. Bloodstained
Mancha. Smear, smudge
Mancha color magenta. Magenta colored spot
Mancha de sangre. Blood stain
Mancha de tinte azoico color rojo-marrón. Brown-red azo-dye spot
Manchar. Smear
Manchón. Smudge
Mandil relleno de plomo. Lead-filled apron
Mandril de rayado. Rifling mandrel
Manejo áspero. Rough pattern
Manejo de residuos de disparos de armas de fuego. Handling gunshot residues

Manera o forma helicoidal. Helical manner
Manguito. Sleeve
Mano que efectúa el disparo. Shooting hand
Mano que sostiene el arma. Shooting hand
Manómetro. Gauge
Máquina perforadora de revólver. Turret head boring machine
Marca. Mark
Marca bidimensional de herramienta. 2-D tool-mark
Marca de arrastre de la aguja percutora. Firing pin drag mark
Marca de culote. Headstamp
Marca de falla de tiro. Misfire mark
Marca de funcionamiento. Operational mark
Marca de fundición. Sprue mark
Marca de impacto de la pólvora. Powdering impact mark
Marca de molde. Mould mark
Marca de negro de humo. Blackening mark
Marca de pólvora. Powdering mark
Marca de rasguño poco profunda. Shallow scratch mark
Marca del percutor. Pin mark
Marca del plano de cierre de la recámara. Breech face mark
Marca inducida por el cargador. Magazine-induced mark
Marca inducida por el retroceso. Recoil induced mark
Marca ligera de la aguja percutora. Light firing pin mark
Marca longitudinal de herramienta. Longitudinal tool mark
Marca ofensora. Offending mark
Marca semicircular de maquinado. Semi-circular machining mark
Marca tridimensional de herramienta. 3-D tool mark

Marcación con tinta. Die marking
Marcador del blanco. Target marker
Marcador indeleble. Indelible marker
Marcador. Marker
Marcar un punto. Plot a point
Margen de la herida. Wound margin
Margen de la herida de la bala de entrada. Margin of the bullet entry wound
Martillo. Cock, hammer
Martillo de disparo. Industrial stud gun
Martillo montado. Cocked fire mechanism, cocked hammer
Martillo montado completamente. Completely cocked hammer
Martillo neumático industrial. Industrial nail gun
Masa de barra. Bar mass
Masa de la bala. Slug mass
Masa del chorro. Jet mass
Masa del penetrador. Penetrator mass
Masa eliminada. Removed mass
Masa y velocidad residuales. Residual mass and velocity
Material blando separador. Soft buffer material
Material de camisa (envuelta) fragmentado. Fragmented jacket material
Material de choque. Colliding material
Material de descarga. Discharge material
Material de desecho (gangrenoso, infectado). Detritus
Material de grosor finito. Finite thickness material
Material de relleno. Refill material
Material del blanco. Target material
Material de la culata. Stock material

Material explosivo no metálico. Metal-free explosive material
Material irreactante. Nonreacting material
Materiales sin plomo. Non-lead materials
Matriz. Mold
Mayor poder penetrante. Greater penetrating power
Mecánica de continuo. Continuum mechanics
Mecánica de fluidos. Fluid mechanics
Mecánica de penetración. Penetration mechanics
Mecánica de sólidos de equilibrio estático. Static equilibrium solid mechanics
Mecánico ajustador de armas. Gunsmith, armorer
Mecánico electricista de armas. Armor electrician
Mecanismo. Action
Mecanismo de falla. Failure mechanisms
Mecanismo de la herida. Wound mechanism
Mecanismo de un arma de repetición. Repeating firearm mechanism
Mecanismo para desmontar. Hammer uncocking mechanism
Mecanismos de penetración. Penetration mechanisms
Mecanismos de resistencia. Mechanisms of drag
Mecha incandescente. Glowing fuse (match lock)
Media camisa. Half-jacket (HJ)
Media camisa con punta hueca. Half jacketed hollow point (JHP)
Media de la recámara. Breech mean
Media envuelta. Half jacketed (HJ)
Media espacial. Space mean
Medidor. Gauge

Medio acuoso abundante. Water-rich medium

Medio choke. Half choke (shotgun bore), $1/2$ choke

Mejorado. Improved

Mellado. Nicked

Membrana de la mano. Web of the hand

Membrana de la mano que hizo el disparo. Web of the firing hand

Membrana de la mano que no hizo al disparo. Web of the non-firing hand

Mesa de trabajo de laboratorio. Laboratory workbench

Metal antifricción. Soft metal

Método Gurney. Gurney method

Metralla. Shrapnel

Mezcla de quemado pirotécnico. Pyrotechnic burning mixture

Mezcla fulminante. Priming mixture

Micro estructura. Microstructure

Micro rayado. Micro-grooving

Microestría. Micro-groove

Microfotografía. Microphotography

Micrómetro. Micrometer

Microscopio de comparación. Comparison microscope

Microscopio electrónico de barrido. Scanning electron microscope

Microscopio electrónico de dos pantallas. Twin screen electron microscope

Mini-Maglite (lámpara de mano). Mini-Maglite

Minuto de ángulo. Minute of angle

Mira con punto de referencia. Optical aim point sight

Mira delantera. Front sight

Mira láser. Laser sight

Mira metálica. Iron sight

Mira posterior no ajustable. Fixed rear sight leaf

Mira telescópica. Telescopic sight

Mira trasera. Rear sight

Misil antitanque de gran poder explosivo. High explosive anti-tank (HEAT) missile

Misil con aletas. Finned missile

Misil de un solo proyectil. Single slug missile

Misil estabilizado por aletas. Fin-stabilized missile

Misil penetrador de barricadas. Barricade penetrating missile

Misil subcalibre perforador de energía cinética. Sub-caliber armor piercing kinetic energy missile

Misión de fuego directo. Direct-fire mission

Modelo. Pattern

Modelo casi circular normal. Normal near circular pattern

Modelo de detonación de Zel'dovich von Neumann Doering (ZND). Zel'dovich von Neumann Doering detonation model (ZND)

Modelo de estriado. Striation pattern

Modelo de falla. Failure model

Modelo de libro de texto. Text book pattern

Modelo de maniobrabilidad de trituración. Communition handling model

Modelo de micro fisuras. Micro-cracking model

Modelo de prueba. Test pattern

Modelo de pulverización de fragmentos. Fragment spray pattern

Modelo de rayado. Rifling pattern

Modelo de respuesta de materiales. Material response model

Modelo simple. Simple model

Modo de falla de blancos. Target failure mode

Modo lento cúbico bilineal.
Bilinear cubic slow mode
Modo rápido cúbico bilineal.
Bilinear cubic fast mode
Modulo de cizallamiento. Shear
modulus
Módulo de elasticidad. Modulus of
elasticity
Módulo de municiones. Unit of fire
Molde. Mold
Moldeado. Molded
Moldes de dimensionamiento.
Sizing molds
Molécula. Molecule
Moles de gas. Moles of gas
Momento alineal. Nonlinear
moment
Momento angular. Angular
moment
Momento bilineal. Bilinear moment
Momento de conservación.
Conservation momentum
Momento de declive. Pitching
moment
Momento de guiñada. Yawing
moment
Momento de inercia. Moment of
inertia
Momento de inversión.
Overturning moment
Momento de volteo. Overturning
moment
Momento lineal. Linear momentum
Momento Magnus. Magnus
moment
Momento trilineal. Trilinear
moment
Mono (Esp). All-enveloping 'moon
suit'
Montada. Locked (firearm)
Montar. Assemble
Moretón. Bruise, blue-black mark
Morfología del grano de pólvora.
Powder grain morphology
Mortaja del extractor corta. Short
ejector shroud

Mosquete. Musket
Mosquetón. Short rifle
Mostacilla. Birdshot
**Movimiento angular alrededor de
un eje vertical.** Yaw
Movimiento anómalo del cañón.
Tube jump
Movimiento anómalo del chorro.
Jet waver
Movimiento de ciclo limitado.
Limit-cycle motion
Movimiento de guiñada. Yawing
motion
**Movimiento de la punta del
proyectil.** Nose motion
**Movimiento de proyectil
resistente a la presión.** Pressure
resisting projectile motion
Movimiento de traslación.
Translation movement
**Movimiento dependiente del
tiempo.** Time-dependent motion
Movimiento inestable e irregular.
Wobble
Movimiento intermedio. Mean
motion
Movimiento medio. Mean motion
Movimiento resultante. Resultant
motion
Muelle de recuperación. Recoil
spring
**Muelle de recuperación con su
guía.** Recoil spring guide
Muelle del cargador. Magazine
spring
Muelle del martillo. Hammer
spring
Muelle helicoidal. Coiled spring
**Muelle helicoidal de la aguja
percutora.** Coiled firing pin string
Muelle real. Mainspring
Muelle rígido. Large leaf spring
Muesca. Nick, sighting notch,
groove, slit, slot
**Muesca para la fijación del
muelle.** Notch (to hold the spring)

Muesca. Notch
Muestra. Sample
Muestra de la herida. Wound sample
Muestra de la mano. Hand swab
Muestra tomada con palillo de algodón (hisopo). Swab
Multiplex de segunda generación. Second generation Multiplex (SGM)
Munición, municiones. Ammunition
Munición Blazer sin plomo. Lead-free Blazer ammunition
Munición explotada (activada) por calor. Heat-exploded ammunition
Munición intermedia. Intermediate cartridge
Munición muy potente. Powerful cartridge
Munición relacionada con el incidente. Incident-related ammunition
Muy alta velocidad de boca. Very high muzzle velocity

N

Nácar. Mother of pearl
Naftilo. Naphtyl
Naturaleza ilimitada. Dimensionless nature
Naturaleza penetradora. Penetrative nature
Navaja de bolsillo. Pocket knife
Necropsia. Necropsy
Negro de humo. Blackening
Nervadura helicoidal. Helicoidal groove
Neutralización. Off-setting errors
Nilón. Nylon
Níquel. Nickel
Niquelado. Nickel plating
Nitrato de bario. Barium nitrate
Nitrato de estroncio. Strontium nitrate

Nitratos de pólvora. Powder nitrates
Nitritos inorgánicos. Inorganic nitrites
Nitrocelulosa. Nitrocellulose
Nitroglicerina. Nitroglycerin
Nitruro de aluminio. Ammunition nitride
Nivel de presión acústica. Sound pressure level (SPL)
Nivel de rotura de esfuerzo cortante. Shear stress failure level
No nulo. Nonzero
Nolinealinidades aerodinámicas. Aerodynamic nonlinearities
Nolinearidades geométricas. Geometric nonlinearities
Norma. Standard
Normas de desactivación. Deactivation standards
Nucleación. Nucleation
Nucleación de micro fisuras. Micro-cracks nucleation
Núcleo de acero templado. Tempered-steel core
Núcleo de estaño. Tin-core
Núcleo de hierro. Steel core
Núcleo de la fractura. Fracture nuclei
Núcleo de plomo blando. Soft-lead core
Núcleo de tungsteno. Tungsten core
Núcleo de zinc. Zinc core
Núcleo penetrador duro. Hard penetrator core
Núcleo puntiagudo de carburo de tungsteno. Tungsten carbide pointed core
Número Mach. Mach number

O

Objetos radio opacos. Radio-opaque objects

Oblicuidad de impacto. Obliquity of impact
Obstrucción. Obstruction
Obturación. Plugging
Obturar. Stop up
ODS-Hypersil. ODS-Hypersil
Oficial a cargo del lugar de los hechos. Scene of crime officer
Oficial de alto rango. Senior officer
Oído. Flash channel, flash hole
Ojiva. Ogive
Oleorresina capsicum. Oleoresin capsicum
Olor a chile picante. Pungent pepper odor
Olor de flor de acacia [de cloroacetofenona (CN)]. Locust blossom odor [of chloroacetophenone (CN)]
Onda de choque. Shock wave
Onda de choque atenuada. Attenuated shock wave
Onda de choque fija. Stationary shock wave
Onda de cizallamiento de Love. Love shear wave
Onda de compresión. Compressive wave
Onda de descompresión. Relief wave
Onda de detonación sobre multiplicada. Overdriven detonation wave
Onda de dilatación. Dilatational wave
Onda de enrarecimiento. Rarefaction wave
Onda de esfuerzo. Stress wave
Onda de Taylor. Taylor wave
Onda de tensión de rebote. Rebounding tension wave
Onda de tracción. Tensile wave
Onda incidente. Incident wave
Onda longitudinal de dilatación. Longitudinal dilatational wave
Onda rectangular (cuadrada). Square wave

Onda reflejada. Reflected wave
Ondas iguales. Like waves
Ondita. Wavelet
Orejeta. Cylinder lug, lug (in a yoke)
Orejeta de disparo del fiador. Firing lug of the sear, sear's firing lug
Orificio de disparo del fiador. Sear's firing hole
Orificio de salida subcutánea. Underlying exit-wound
Orilla desgarrada. Torn edge
Ortoclorobenzalmalononitrilo (CS). Orthochlorbenzalmalononitrile (CS)
Ortotrópico. Orthotropic
Oscilaciones rotatorias alrededor de un eje vertical que pasa por el centro de gravedad del móvil. Yawing
Oscilar. Oscillate, waver
Osciloscopio de pantalla con memoria. Storage oscilloscope
Osciloscopio tipo acumulador. Storage oscilloscope
Overol (Méx). All-enveloping 'moon suit'
Oxidante. Oxidizer
Óxido de plomo. Lead oxide

P

Palanca. Handle, lever
Palanca ambidiestra de seguro manual. Left/right hand safety-catch
Palanca de desmartillado. Decocking/uncocking lever
Palanca de despiece. Take down lever
Palanca del disparador. Trigger bar
Palanca del gatillo. Trigger bar, guide bar
Palanca del martillo. Trigger rod

Palanca del seguro. Safety lock
Palanca del seguro manual en el armazón. Safety catch on the casing
Palanca extraíble. Removable catch
Palanca guía del sistema de seguridad de la aguja percutora. Locating lever for the firing pin safety
Palanca o llave de cierre. Sliding safety catch
Palanca rotatoria. Rotating catch
Paneles de tabla de composición (celotex). Composition board (Celotex) panels
Pantalla balística de policarbonato. Polycarbonate ballistic screen
Pantalla de protección. Screening cover
Papel encerado con capa de plástico (BenchKote). Wavy plastic-backed paper (BenchKOTE)
Papel filtro. Filter paper
Papel filtro Whatman No.2. Whatman No.2 filter paper
Papel fotográfico. Photographic paper
Papel fotográfico desensibilizado. Desensitized photographic paper
Papel fotográfico brillante desensibilizado. Desensitized glossy photographic paper
Papel fotográfico mate desensibilizado. Desensitized matte photographic paper
Papel impregnado en ácido acético. Acetic acid-dampened paper
Papel para lijar con agua. Wet-and-dry abrasive paper
Parada de movimiento inicial. Initial dwell
Parada infinita de movimiento. Infinite dwell

Parafina. Paraffin
Parámetro balístico central. Central ballistic parameter
Parámetro de amortiguamiento. Damping parameter
Parámetro de Lamé. Lamé parameter
Pared del ánima. Land
Pared del cañón. Barrel casing
Paredes de acero del cañón. Steel barrel walls
Parte anterior de la recámara. Breech face
Parte del cartucho donde se localiza la ignición. Principle of firing (ammunition)
Parte homogénea. Homogenous part
Parte interior de la empuñadora. Bottom of the grip
Parte interna de la superficie de salida. Internal exit surface (beveling)
Parte posterior del tambor. Back of the cylinder
Partes de una bala. Bullet parts
Partes más traseras. Rearmost portions
Particulación. Particulation
Pasador. Draft pin
Pasador central. Cylinder pin
Pasador de cambio. Reversing catch (safety catch)
Pasaje. Pass-through
Pasar por. Pass-through
Paso de una bala. Passage of a bullet
Paso del rayado. Rifling pitch
Paso linealizado. Linearized pitching
Patólogo. Pathologist
Patrón de tatuaje en forma de estrella. Star-shaped pattern of tattooing
Patrón. Pattern
Patrón casi circular normal. Normal near circular pattern

Pauta. Pattern, standard
Pavonado. Blued steel
Pegado. Clinging
Pegarse, adherirse, ceñirse. Cling
Peine. Stripper clip
Peine de carga. Stripper clip
Pendiente. Slope
Pendiente lineal. Linear slope
Penetración. Penetration
Penetración parcial. Partial penetration
Penetrador. Penetrator
Penetrador cónico trucado de acero templado. Hardened steel truncated cone shaped penetrator
Penetrador de tungsteno. Tungsten penetrator
Pequeña pistola de bolsillo. Small pocket pistol
Percusión anular. Rimfire
Percusión central. Centerfire
Percutor. Striker pin
Perdigón blando de escopeta. Soft shot-shotgun pellet
Perdigón de aleación platino e iridio. Platinum/iridium alloy pellet
Perdigón de escopeta duro. Hard shot-shotgun pellet
Perdigón de escopeta para tiro al plato (skeet). Skeet pellet
Perdigón de plomo. Lead ball, lead shot
Perdigón de plomo de punta plana. Flat-nosed lead pellet
Perdigón de rifle de aire comprimido de baja energía. Low-energy air rifle pellet
Perdigón de rifle de aire comprimido Diabolo. Diabolo air rifle pellet
Perdigón envenenado. Poison pellet
Perdigón puntiagudo de plomo. Pointed lead pellet
Perdigón separado de la dispersión principal. Flier from the main pattern

Perdigón subcalibre de casquillo desechable. Sub-caliber discarding sabot pellet
Perfil de herida. Wound profile
Perforación. Perforation, piercing
Perforaciones dispuestas longitudinalmente. Lengthwise holes
Perforado. Perforated, pierced
Peritaje básico. Basic expert examination
Perno de resorte. Spring bolt catch
Peróxido de hidrógeno. Hydrogen peroxide
Peróxido de plomo. Lead peroxide
Peróxido de zinc. Zinc peroxide
Perrillo. Hammer (curved external)
Perrillo oculto. Hammerless action
Perro. Hammer (curved external)
Personal de fotografía. Photographic staff
Persulfato de amonio. Ammonium persulphate
Pértiga (medida) de agente líquido. Rod of liquid agent
Peso en granos (avdp, avoirdupois). Weight in grains (avdp)
Peso molecular. Molecular weight
Pestaña. Flange
Pestillo. Latch (catch)
Petardo. Fire cracker
Pico de von Neumann. Von Neumann spike
Pies-libras. Foot-pound
Pieza soldada. Braze
Piezoeléctrico. Piezoelectric
Piezomanómetro. Piezo type pressure gauge
Pimiento rojo africano. African red pepper
Pinzas. Claws (wheel lock); forceps
Pirita. Pyrite
Pistola. Pistol, handgun
Pistola de bolsillo. Pocket pistol

Pistola de competición. Match pistol

Pistola de doble acción. Double-action pistol

Pistola de dos disparos. Two-shot pistol

Pistola de gran calibre. Large caliber pistol

Pistola de percusión de bolsillo de un solo tiro. Single shot pocket percussion pistol

Pistola de pie de pato. Duck's foot pistol

Pistola de tiro deportivo. Match pistol

Pistola de un solo tiro. Single shot pistol

Pistola Derringer de dos cañones. Derringer double-barrel pistol

Pistola estándar. Standard pistol

Pistola militar. Military pistol

Pistola semiautomática. Autoloader pistol

Pistola semiautomática. Semiautomatic pistol

Pistolete. Pistol grip

Pistón. Piston

Pistón para cápsulas de percusión. Percussion caps piston

Placa. Follower magazine

Placa de rayos X. X-ray plate

Placa de retroceso. Recoil plate (revolver)

Placa extraíble. Removable plate

Placa lateral. Side plate

Placa metálica. Metal plate

Placa plástica. Plastic plate

Planimetrado. Plot

Planimetrado de coeficiente de amortiguamiento de modo rápido. Plot of fast mode damping coefficient

Planimetrado del declive. Plot of pitch

Plano. Plane

Plano de cierre de la recámara. Breech face

Plano del lugar de los hechos. Crime scene plot

Plano de quiñada. Yaw plane

Plano fijo. Fixed plane

Plano principal de tensión. Principal stress plane

Plano vertical. Vertical plane

Planta de artillería. Ordnance plant

Plateado. Silver plating

Platillo de balanza. Scale pan

Platillo de la báscula. Scale pan

Platina. Lock plate

Platina desmontable. Removable side plate

Plomo. Lead

Poder de derribar. Knock down power

Poder de detención. Stopping power

Poder de parada. Stopping power

Poder de penetración. Penetration power

Poder relativo de parada. Relative stopping power

Poliestireno. Polystyrene

Pólvora. Gunpowder, powder

Pólvora de quemado rápido. Fast-burning powder

Pólvora de quemadura lenta. Slow-burning powder

Pólvora en forma cilíndrica. Solid cylinders

Pólvora esférica. Ball powder

Pólvora negra. Black powder

Pólvora progresiva. Progressive burning powder

Pólvora sin humo. Smokeless powder

Pólvora tubular. Tubular powder

Polvorín. Primer powder

Posición de fuego. Firing position

Posición de reposo. Starting
position
Posición retrasada. Held back
position
Postas. Balls, buckshot
Postilla. Scab
Postulado de estado. State postulate
Potencia de velocidad. Power of
velocity
Práctica de tiro. Target practice
Precisión. Accuracy
Preciso. Accurate
Precompresión. Prestressing
**Predicción de trayectoria de
vuelo.** Predicted flight path
Prensa fotográfica. Photographic
press
Presilla del martillo percutor.
Claw of the hammer (flint lock)
Presión ajustable. Adjustable
pressure
**Presión de cañón máxima
permisible.** Maximum permissible
barrel pressure
Presión de los gases. Gas pressure
Presión de onda hacia la derecha.
Right-going wave pressure
**Presión de onda hacia la
izquierda.** Left-going wave
pressure
**Presión de recámara instantánea
concomitante.** Concomitant
instantaneous breech pressure
Presión del disparador. Trigger
force/pressure
Presión en el culote. Base pressure
Presión en la recámara. Breech
pressure
Presión excesiva de la explosión.
Blast overpressure
Presión intermedia. Mean pressure
Presión máxima. Maximum
pressure, peak pressure
Presión media. Mean pressure
Presión de resistencia. Resistive
pressure

Pretendida víctima. Intended
victim
**Principio de conservación de
energía.** Principle of conservation
of energy
Principio de palanca. Lever
principle
Proceso de mezcla espesa acuosa.
Aqueous slurry process
Profundidad de penetración.
Penetration depth
**Profundidad de penetración
profunda.** Deep penetration depth
**Prolongación de la cabeza del
martillo.** Nose of the hammer
Promover (una reacción química).
Foster (a chemical reaction)
**Propagación de impedancia
al choque.** Impedance shock
propagation
Propagación de ondas plásticas.
Plastic wave propagation
Propelente. Propellant
Propelente en forma de hojuelas.
Flake propellant
Propiedad de autocorrección.
Auto-correcting property
Propiedad de la masa. Mass property
**Proporción de reducción de
tamaño.** Rate of reduction in size
Propulsión en cargas huecas.
Shaped charged jet
Propulsión particulada.
Particulation jet
Propulsor. Propellant
**Propulsor de base doble de gran
contenido de nitroglicerina de
quemado a gran temperatura.**
Hot-burning high-nitroglycerine
double-base propellant
**Propulsor en forma de disco
sencillo.** Simple disc propellant
Propulsor en forma de roseta.
Shaped cake propellant
Propulsor sin humo. Smokeless
propellant

Propulsor sin humo de base doble. Double base propellants

Propulsor en forma de hojuelas. Flake propellant

Propulsor sin humo de una sola base. Single base smokeless propellant

Proyectil. Projectile

Proyectil a tiempo. Time shell

Proyectil animado. Spinning projectile

Proyectil axialmente simétrico. Axially symmetric projectile

Proyectil con aletas. Fin-stabilized projectile

Proyectil con núcleo de hierro. Steel core-projectile

Proyectil contorneante. Traveling bullet/projectile

Proyectil convencional. Conventional projectile

Proyectil de fuego directo. Direct fire projectile

Proyectil de humo. Smoke shell

Proyectil de instrucción. Training round

Proyectil de lenta animación. Slowly spinning projectile

Proyectil de punta ojival. Ogival nosed projectile

Proyectil esférico. Ball ammunition

Proyectil especial de iluminación. Illuminating shell, star shell

Proyectil estabilizado por la resistencia aerodinámica. Draw-stabilized projectile

Proyectil estabilizado por su animación. Spin stabilized projectile

Proyectil estáticamente estable. Statically stable projectile

Proyectil explosivo trazador. High-explosive shell-tracer

Proyectil migrador. Migrant bullets/projectile

Proyectil perforador. Armor-piercing projectile

Proyectil perforador de alto explosivo. High-explosive armor-piercing shell

Proyectil problema. Crime scene bullet/projectile

Proyectil rompedor. High explosive shell

Proyectil sin ánima. Non-spinning projectile

Proyectil sin estallar. Unexploded shell (dud)

Proyectil testigo. Laboratory fired projectile

Proyectil trazador. Tracer shell

Proyector de perfiles. Profile projector

Prueba de Greiss. Greiss test

Prueba de Kassel Mayer. Kassel Mayer test

Prueba de la parafina. Paraffin test

Prueba espectrográfica. Spectrographic test

Puente sobre el tambor. Bridge above the cylinder

Puesto central de tiro. Central fire control post

Pulsador. Catch switch (magazine catch)

Pulsador de apertura del tambor. Cylinder latch

Pulso artificial. Phantom pulse

Pulso de choque cuadrado de longitud de onda. Finite square shock pulse of wavelength

Pulso de compresión. Compressive pulse

Puncionado. Piercing

Punta abierta. Open tip

Punta blanda. Soft point (SP)

Punta blanda cola de bote. Boat-tail soft point (BTSP)

Punta blanda de plomo. Soft lead nose

Punta blanda redonda. Round nose soft point (RNSP)

Punta de inicio del rayado. Rifling lead (at the breech end of the barrel)

Punta de la bala. Bullet tip

Punta de von Neumann. Von Neumann point

Punta hueca especial de Winchester. Special hollow point from Winchester (SXT)

Punta hueca especial Hornady. Hollow point Hornady special (XTP)

Punta hueca especial Winchester. Hollow point Winchester special (SXT)

Punta obtusa. Blunt end, obtuse end

Punta ojival roma. Round nose (RN)

Punta ojival suave no deformadora. Non-deforming smooth ogival nose

Punta plana. Blunt nose

Punta plana. Flat point (FP)

Punteo de la pólvora. Powder bridging

Puntería. Aim

Puntería de tres puntos. Three point sights

Punto de espira. Spire point

Punto de giro. Hinge point

Punto de impacto. Impact point

Punto de mira. Front sight, foresight

Punto de mira inserto en la corredera. Pistol bead slide

Punto de travesía. Crossover point

Punto del disparador. Second trigger (firing trigger)

Punto desde el cual se hizo el disparo. Point of fire

Punto medio de rotación de la palanca. Middle rotation point of the toggle

Punto muerto. Standoff

Punto óptico de color rojo. Optical red dot

Punto tangencial. Tangency point

Punto vulnerable. Vulnerable point

Punzado. Perforated, pierced

Punzón. Punch tool

Puño de la pistola. Pistol grip

Q

Quebradizo. Brittle

Quedarse. Linger

Quemado. Burning; burned, scorched

Quemado de la carga. Charge burnout

Quemadura. Burn

Quemadura del propulsor. Propellant burnout

Quemadura. Burnout

Químico artificiero-polvorista. Chemical and pyrotechnical specialist

R

Radio de la ojiva. Ogive radius

Radial. Radial

Radio. Radius

Radio de mira. Sight radius

Ráfaga. Burst

Ráfaga corta. Burst

Rayadura. Gain

Ranura. Gain, nick, sighting notch, groove, slit, slot

Ranura helicoidal. Helicoidal groove

Ranura en espiral. Spiral groove

Rapidez relativa. Relative quickness (RQ)

Raspado. Abraded

Rastreado. Scanned

Rayado. Bordered, rifling

Rayado. Scratched; striations

Rayaduras. Scratches

Rayas. Striations

Rayos X cinematográficos ultrarrápidos. High-speed cine X-ray

Razón de Poisson. Poisson's ratio

Reacción a chorro. Jet

Reacción a chorro de modo mixto. Mixed mode jet

Reacción de Lunge. Lunge's reaction

Reacción suboxidada. Under-oxidized reaction

Reagente de Fry. Fry's reagent

Reagente de Marshall N-(1 naftil)-etileno-diamina. Marshall's Reagent N-(1 naphtyly)-ethlyene-diamine

Rebajar. Abate

Rebaje. Recess

Rebaje de la base del martillo. Recess in the foot of the hammer

Rebaje del seguro de cierre. Lug for the lock-up safety

Rebaje semi circular en la prolongación lateral del cañón. Semi-circular recess in the lateral extension of the barrel

Reborde. Rim

Reborde biselado. Beveled rim

Reborde biselado en la base. Beveled rimmed

Rebote. Rebound, ricochet

Rebufo. Muzzle blast

Recalibrar. Resize (verb, cartridge case)

Recámara. Breech, chamber, firing chamber

Recarga. Reloading

Recargadores. Reloaders

Receptáculo. Magazine housing

Reconstrucción del lugar del incidente del tiroteo. Reconstruction of shooting incident

Reconstrucción del lugar de los hechos. Crime scene reconstruction

Recorrido. Route

Recorrido corto. Short course

Recorrido de tiro. Practical shooting

Recorrido largo. Long course

Recuperación de los números de serie. Serial marks recovery

Red nacional de identificación balística. National Ballistic Identification Network (NIBIN)

Rederivación. Re-derivation

Redondeo. Rounding off (firearms are crowned at their muzzle ends)

Reelevacion. Muzzle flip

Reflujo. Refluxing

Refugio subterráneo. Bunker

Régimen final. Final state

Régimen turbulento. Turbulent flow

Región del cráter. Crater region

Región elástica. Plastic region

Región no perturbada. Undisturbed region

Región plástica. Plastic region

Región túnel. Tunnel region

Registrador de cromatografía de líquidos de gran funcionamiento. High performance liquid chromatography recorder

Registro fotográfico. Photographic record

Regla de carpintero. Folding rule

Regla de flujo de Tresca. Tresca flow rule

Regla plegable. Folding rule

Regular. Regulate

Relación calibre-radio-cabeza. Caliber-radius-head ratio

Relación carga-masa. Charge to mass ratio

Relación de calor específico. Specific heat ratio

Relación de la rosa de dispersión de la municiones. Pattern spread rate

Relación de paso. Pitch rate
Relación de presión. Pressure ratio
Relación de rayado del ánima.
Rate of twist
Relación de reducción de ruido.
Noise Reduction Ratio (NRR)
Relación de velocidad de detonación. Detonation velocity ratio
Relación distancia-fracción red.
Distance-web fraction relation
Relación entre el diámetro de la recámara con el diámetro del ánima. Chambrage
Relación entre la longitud y el diámetro del proyectil. Length to diameter ratio of the projectile
Relación entre la presión y la distancia. Pressure-distance relationship
Relación masa-carga. Mass to charge (m/c) ratio
Remanente. Remnant
Rendimiento de energía de la pólvora. Powder energy yield
Reparación. Repair
Resalte. Cam, lug (locking mechanism)
Resalte de bloqueo. Locked lug
Resalte del fiador. Lug on the sear
Residencia del lugar del asesinato. Murder scene residence
Residuos de disparo de arma de fuego. Gunshot residue (GSR)
Residuos de propulsores orgánicos. Organic propellant residues
Residuo generado por el cebo (fulminante). Primer-generated residue
Residuo inorgánico del cebo. Inorganic primer residue
Residuo químico. Chemical residue
Residuo del disparo de un arma de fuego. Gunshot residue
Resiliencia. Brittle failure, resilience

Resistencia a la falla. Failure strength
Resistencia a la fricción. Friction resistance
Resistencia a la ruptura. Tear strength
Resistencia a la tracción. Tensile strength
Resistencia aerodinámica. Drag force
Resistencia aerodinámica alineal. Nonlinear drag
Resistencia al avance (arrastre). Dragging down
Resistencia balística. Ballistic resistance
Resistencia constitutiva. Constitutive strength
Resistencia de materiales. Material strength
Resistencia radial. Radial strength
Resonancia de giro. Roll resonance
Respiradero. Breathe, vent
Resquebrajamiento. Spallation
Resultante de fuerzas de aire. Resultant of air forces
Retardantes. Retardants
Retén del cargador. Magazine catch
Retenida. Slide-stop
Retículo visual. Sight graticule
Retrocarga. Breechloader, chamber loaded
Retroceden juntos. Slide back together
Retroceso, retroceso del arma. Recoil
Retroceso directo. Blowback
Revestimiento de trompeta. Trumpet liner
Revestimiento fosfático. Phosphate coating
Revólver. Revolver, handgun
Revólver abatible. Break-open revolver
Revólver con cañón basculante con apertura hacia arriba. Tip-up break open revolver

Revólver de acción simple. Single-action revolver
Revólver de doble acción. Double-action revolver
Revólver de percusión. Percussion revolver
Rifle. Rifle
Rifle de aguja percutora Dreyse. Dreyse needle-fire rifle
Rifle de alto poder. High-powered rifle
Rifle de cañón sin ánima. Old smoothbore rifle
Rifle de cerrojo. Bolt action rifle
Rifle de palanca. Lever-action rifle
Rifle de palanca de aire comprimido. Lever-cocking air rifle
Rifle de repetición. Repeater rifle
Rifle Express. Double rifle
Rifle semiautomático. Autoloader rifle, semiautomatic rifle
Rifle sin retroceso. Recoilless rifle
Rigidez a la flexión. Bending stiffness
Rimar. Reaming
Río abajo. Downstream
Ritmo de quemado. Burning rate
Rociada. Spray (sust.)
Rociar. Spray (verbo)
Rocío de gotitas finas. Spray of fine droplets
Rodillo de acero. Steel roller
Rodillo de sistema de cierre. Locking system roller
Rodizonato de sodio. Sodium rhodizonate
Ropa de protección. Protective clothing
Rosa de dispersión de la carga de escopeta. Spread of the shot charge
Rosa de dispersión de las municiones. Firing pattern, pattern spread

Rosa de dispersión de los perdigones. Shot spread, pellet spread
Rosa de dispersión de los perdigones de escopeta. Shotgun pellet spread
Rosa de dispersión de perdigones circular. Normal circular shot spread
Rotación de cuerpo rígido. Rigid body rotation
Rotura de fibras. Fiber breakage
Rozadura de bala. Bullet abrasion
Ruptura del diafragma. Diaphragm burst

S

Sabot. Sabot
Sabot de hojas múltiples de plástico. Multileaved plastic sabot
Sacudida. Jolt
Sacudida lateral. Lateral throw off
Sagita. Apex (zenith)
Salida de boca. Muzzle exit
Salitre. Saltpeter
Salpicadura. Splash
Salpicadura de sangre. Blood splash
Salto aerodinámico. Aerodynamic jump
Salto de choque. Shock jump
Salto de Hugoniot. Hugonoit jump
Salto del cañón. Tube jump
Salto rápido de energía cinética. Kinetic energy bolt
Sándwich asimétrico. Asymmetric sandwich
Se mueve como torbellino. Swirls around
Sedimento. Silt
Segunda ley de movimiento de Newton. Newton's second law of motion
Seguro. Safety

Seguro automático de la aguja percutora. Firing pin safety
Seguro de aleta. Safety catch
Seguro de aleta ambidiestro. Ambidextrous safety catch
Seguro de barra de transferencia. Transfer bar safety
Seguro de corredera. Slide catch
Seguro de desmartillado o desmontado. Uncocking lever
Seguro de empuñadora. Grip safety
Seguro de media monta. Half-cock safety
Seguro de transporte. Falling locking (transfer bar)
Seguro de ventana de carga. Loading gate safety
Seguro del cargador. Magazine safety, slide catch
Seguro dorsal de empuñadora. System grip safety
Seguro manual. Safety catch
Selección del material del casquillo. Case material selection
Selector de fuego. Fire selector switch
Sello de norma. Proof mark
Sello de prueba del tiro de acero. Steel shot proof mark
Sello del fabricante del cartucho. Cartridge manufacturer's stamp
Semi-wadcutter. Semi-wad cutter (SWC)
Semi-wadcutter con punta hueca. Semi-wad cutter with hollow point (SWC-HP)
Semi reborde. Semi-rimmed
Semi-wadcutter de plomo. Lead Semi-wadcutter (LSWC)
Sentido de giro. Spin direction
Sentido de giro del estriado helicoidal. Helicoidal striation direction
Señal. Sign
Señal cero. Zero signal

Señal nula. Zero signal
Señalización. Marking
Serie. String
Serie de potencia. Power series
Sesión de lavado. Wash-up session
Signo. Sign
Silcoset. Silcoset
Silenciador. Silencer
Silenciar. Muffle
Siliciuro de calcio. Calcium salicide
Silo. Bunker
Simetría axial. Axial symmetry
Sin ánima. Non-spinning
Sin apoyo. Unsupported
Sin carga. Stress free
Sin esfuerzo. Stress free
Sin límite. Unbounded
Sin masa. Massless
Sin reborde. Rimless
Sin restricción. Unbounded
Sin señal. Zero signal
Sin soporte. Unsupported
Sin sostén. Unsupported
Sin tensión. Stress free
Sinoxid. Sinoxid
Sintox (fórmula de cebo sin plomo). Sintox (lead free primer formulation)
Sistema avoirdupois (avdp). Avoirdupois system
Sistema cierre de bloque. Falling block locking
Sistema de apertura de un revólver de cañón abatible. Pivot of a break open revolver
Sistema de bloque por sí mismo. Lock-up system
Sistema de cierre. Locking system
Sistema de cierre de bloque ascendente. Recoil locking system
Sistema de cierre de cerrojo. Bolt-action locking system
Sistema de cierre de palanca articulada. Roller locking system
Sistema de cierre de retroceso directo. Toggle-locking system

Sistema de cierre de rodillo basculante. Roller locking system
Sistema de cierre por presión de los gases. Gas retarded locking system
Sistema de cierre por retroceso directo. Blowback locking
Sistema de cierre por rotación. Falling block locking system, rotation locking system
Sistema de coordenadas de Lagrange. Lagrangian coordinate system
Sistema de coordenadas fijas. Stationary coordinate system
Sistema de llave de rueda combinado con llave de mecha. Wheel-lock system combined with a fuse-lock
Sistema de percusión directa. Fixed firing pin point
Sistema de puntería de tres puntos. Three point sight system
Sistema de puntería de tres puntos luminosos. Three point sights with twilight markings
Sistema de puntería láser. Aiming laser
Sistema de seguridad. Safety system
Sistema integrado de identificación de balas del BATF. Integrated Bullet Identification System IBIS-BATF
Sistema métrico internacional. International Metric System (SI)
Sistema muelle-masa. Spring-mass system
Situación de impactos múltiples. Multi-hit situation
Sobrecarrera. Overtravel (trigger stop)
Sobrepresión. High pressure, overpressure
Soldadura. Braze (sust.)
Soldar. Braze (verbo)

Sólidos irreactantes. Nonreacting solids
Sólo doble acción. Double action only (DAO)
Solución de hidróxido de aluminio. Ammonium hydroxide lifting solution
Solución acuosa. Aqueous solution
Solución acuosa buffer. Aqueous buffer solution
Solución buffer. Buffer solution
Solución Chapman-Jouguet. Chapman-Jouguet solution
Solución de Hume-Rothery. Hume-Rothery solution
Solución de Vinella. Vinella's solution
Soluciones por computadora. Computer solutions
Sonda. Probe
Sonido agudo de agrietamiento. Sharp crack sound
Soplete. Torch
Soportes. Brackets
Sublote. Sub-batch
Subametralladora. Sub-machinegun
Subfusil. Sub-machine gun
Subíndice. Subscript
Sustrato plástico. Plastic substrate
Suceso altamente transitorio. Highly transient event
Superficie de fractura cónica. Conical fracture surface
Superficie de la fractura. Fracture surface
Superficie de onda Rayleigh. Rayleigh surface wave
Superficie distal. Distal surface
Superficie lateral libre. Lateral free surface
Superficie libre. Free surface
Superficie original. Original surface
Supersónico. Supersonic
Sustentación aerodinámica. Aerodynamic lift

T

Tablas de recarga. Reloading tables
Taco. Wad
Taco de base (tiro de escopeta). Base wad
Taco de base en funda de plástico. Plastic enclosed base wad
Taco de fieltro (tiro de escopeta). Felt wad
Taco de polietileno de alta densidad. High-density polyethylene wad
Talón de la empuñadora. Floor plate, butt plate
Tambaleo. Wobble
Tambor. Cylinder (revolver)
Tambor basculante. Swing-out cylinder
Tambor perfeccionado. Improved cylinder
Tangencial. Tangential
Tangente. Tangent
Tapón. Recoil spring cap
Tapón de plástico de la pólvora. Plastic powder piston
Taponamiento. Plugging
Tarjeta de prueba. Test card
Tarjeta testigo. Witness card
Tatuaje. Tattoo
Tatuaje de pólvora. Powder tattooing
Técnica de análisis diarios. Day-to-day analysis techniques
Técnica de cálculo. Computational technique
Técnica de elemento finito. Finite element technique
Técnico en balística. Ballistician
Teflón. Teflon
Tejido hemorrágico. Hemorrhagic tissue
Tejido óseo. Bone tissue
Tejido subcutáneo. Under-lying tissue

Telescopio. Telescope
Temperatura de llama adiabática. Adiabatic flame temperature
Templado a la llama. Flame hardened
Tendencia a cubrir, recubrir, tenderse por encima. Overlying tendency
Tendencia a volcarse. Overturning tendency
Tensión carga. Stress load
Tensión concurrente. Attendant stress
Tensión de cizallamiento de flujo constante. Constant flow shear stress
Tensión de cizallamiento interlaminar. Interlaminar shear strength
Tensión de flujo dependiente de la presión. Pressure-dependent flow stress
Tensión de plegado. Bending stress
Tensión incidente. Incident stress
Tensión monoaxial. Uniaxial stress
Tensión neta. Net stress
Tensión tangencial. Tangential stress
Tensión transversal. Transverse strain
Teodolito de rayo láser. Laser-projector teodolite
Teorema de Gauss. Gauss's theorem
Teoría de falla. Failure theory
Teoría de Mohr-Coulomb. Mohr-Coulomb theory
Teoría de Pugh, Echelberger y Rostoker (PER). Pugh, Echelberger y Rostoker theory, PER theory
Teoría Tresca de carga de rotura máxima. Tresca (maximum shear stress) theory
Teoría de fragmentación. Fragmentation theory
Termal. Thermal

Térmico. Thermal
Término cosenoidal. Cosine term
Termodinámica. Thermodynamics
Termofísica. Thermo-physics
Termoquímica. Thermo-chemistry
Tetón de cierre. Bolt lug
Tetraceno. Tetracene
Tetranitrato de penta eritritol. Pentaerythritol tetranitrate
Tetrazina. Tetrazine
Tiempo máximo fugaz. Narrow peaked time
Tijeras. Scissors
Tinta para clasificar dimensiones o calibres. Sizing dye
Tinte azoico color naranja (anaranjado). Orange colored azo-dye
Tinte de asentamiento de cebo (fulminante). Primer seating dye
Tipo. Pattern, type
Tipo de bala. Bullet type
Tipo de marca de culote. Headstamp style
Tipo de vaina. Case type
Tipo no letal. Nonlethal type
Tira de magnesio de combustión. Burning magnesium ribbon
Tira delgada de acero. Narrow steel strips
Tirador. Firer, shooter
Tirar. Shoot
Tiro. Shot
Tiro a quemarropa. Near contact shot
Tiro al blanco a gran distancia. Low-range target shooting
Tiro al pichón. Pigeon shooting
Tiro al platillo (skeet) a corta distancia. Short range skeet shooting
Tiro al plato (skeet). Skeet shooting
Tiro de escopeta. Size shot
Tiro de escopeta de hierro dulce de bajo contenido de carbono. Low-carbon-content soft iron shot

Tiro de explosivos. Short firming
Tiro doble cero. Double-0 shot, 00 shot
Tiro práctico. Practical shooting
Tiro reducido. Plastic training
Tiroteo. Shootout
Titanio. Titanium
Tolerancia de fabricación. Manufacturing tolerance
Tomar muestras con aplicador con punta de algodón (o con hisopo). Swabbing
Tope del tambor. Cylinder stop
Torbellino. Swirl
Torcedura. Twist
Tornillo. Screw
Tornillo para el ajuste del retículo. Graticule adjuster screw
Torpedo Bangalore. Bangalore torpedo
Torre alta de tiro de escopeta. Tall shot tower
Torsión (física). Twist
Trabajo de flexión. Bending stress
Trabuco. Blunderbuss
Tracción de superficie. Surface tractions
Traje de astronauta. All-enveloping 'moon suit'
Traje de protección. Protective clothing
Transición del encamisado. Jacket transition
Transición ojiva/bourrelet. Ogive/bourrelet transition
Transversal. Transverse
Transverso. Transverse
Tratamiento de calor de la funda. Heat treatment of the casing
Travesaño. Bracket
Trayecto de herida ordinario, común y corriente. Unremarkable wound track
Trayecto de herida simple. Simple wound track

Trayecto de herida subcutánea del misil. Under-lying missile wound track

Trayecto de la bala. Bullet track, bullet's flight

Trayecto de la herida. Wound track

Trayectoria. Ballistic curve

Trayectoria casi a nivel (paralelo). Near-level flight

Trayectoria de la partícula. Particle path

Trayectoria de vuelo. Direction of flight, flight path

Trayectoria de vuelo curva. Arc like flight path

Trayectoria libre intermedia. Man free path

Trazador. Tracer

Trinitrorresorcinato. Tri-nitro resorcinate

Trinitrotolueno (TNT). Trinitetoluene (TNT)

Trípode. Tripod

Trisfulfuro de antimonio. Antimony trisulphide

Tritio. Tritium

Trituración. Comminution

Tubo de choke atornillado. Screw-in choke tube

Tubo hueco. Hollow tube

Tungsteno. Tungsten

Turquesa. Bullet mold, antique

U

Ubicación. Location (site, station)

Ubicación del impacto. Location of impact

Ullage (francés). Ullage

Umbral de concentración límite. Threshold concentration (TC)

Umbral. Threshold

Unidad cinematográfica ultrarrápida Hicam. Hicam high-speed cine unit

Unidad de área metal-masa. Metal mass unit area

Unidad masa. Mass unit, unit mass

Unidad pie-libra imperial. Imperial ft/lb units

Unidad Skygate. Skygate unit

Unión. Coalescence

Untar. Smear

V

Vaceos. Fuller

Vaina. Case, cartridge case, casing, shell

Vaina cilíndrica con el culote reducido. Reduced foot (cartridge)

Vaina cilíndrica con gollete. Neck cylindrical case

Vaina con base reducida. Rebated base

Vaina con culote reforzado. Belted case

Vaina con gollete. Necked case

Vaina con semi reborde. Semi-rimmed case

Vaina cónica con gollete. Necked conical case

Vaina de plástico (tiro de escopeta). Plastic shot shell case

Vaina firmemente comprimida. Tightly sealed cartridge

Vaina percutida. Struck casing, spent round (cartridge)

Vaina recta. Straight case

Vaina sin ranura ni reborde. Grooveless-rimless case

Vainilla. Case, cartridge case, casing, shell

Valor de cronógrafo de rendimiento promedio del misil. Yield average missile chronograph value

Valor métrico de energía. Metric energy value

Valor mínimo de tiro de gatillo.
Minimum trigger pull value
Variable artificial. Dummy variable
Variación brusca del proyectil.
Projectile jump
Varilla de disparo. Firing rod
(match lock)
Varilla guía. Spring guide
Varilla larga delgada. Long thin
probe
Varilla testigo. Witness rod
Vástago del cañón. Barrel shank
Vástago largo de energía cinética.
Kinetic energy (KE) long-rod
Vector cantidad. Vector quantity
Vector de asimetría de masa. Mass
asymmetry vector
Vector gravedad. Gravity vector
Vector unidad. Unit Vector
Vector unidad de eje geométrico.
Geometric axis unit vector
**Vector unidad de giro de eje
(principal).** Spin (principal) axis
unit vector
Vector velocidad. Velocity vector
Vectorialmente. Vectorially
Velocidad a caída libre. Free fall
velocity
Velocidad al choque. Impact velocity
Velocidad de boca. Muzzle velocity
**Velocidad de característica
Gurney.** Gurney characteristic
velocity
Velocidad de caudal de gas. Gas
stream velocity
**Velocidad de esfuerzo de
partícula.** Net stress particle
velocity
Velocidad de expansión radial.
Radial expansion velocity
Velocidad de giro. Turning rate
Velocidad de impacto. Impact
velocity, velocity of impact
Velocidad de la bala. Slug velocity
Velocidad de la partícula. Particle
velocity

**Velocidad de los perdigones de
escopeta.** Shotgun pellet velocity
**Velocidad de penetración del
proyectil.** Projectile penetration
velocity
Velocidad de pistón. Piston velocity
Velocidad de reactor. Jet velocity
Velocidad de retroceso. Rearward
velocity, Recoil velocity
Velocidad de rotación. Rotational
velocity
Velocidad de transición. Transition
velocity
**Velocidad de transición
hidrodinámica.** Hydrodynamic
transition velocity
Velocidad del chorro. Jet velocity
Velocidad del material. Material
velocity
**Velocidad esféricamente
simétrica.** Spherically symmetric
velocity
Velocidad inducida. Induced
velocity
Velocidad inicial. Muzzle velocity
Velocidad inicial de fragmentos.
Initial fragment velocity
**Velocidad instantánea del
proyectil.** Instantaneous projectile
velocity
Velocidad laminar. Laminar
velocity
Velocidad límite. Limit velocity
Velocidad longitudinal de onda.
Longitudinal wave speed
Velocidad mínima de perforación.
Minimum perforation velocity
Velocidad neta. Net velocity
Velocidad nominal. Nominal
velocity
Velocidad residual. Residual
velocity, retained velocity
**Velocidad residual en la zona a lo
largo de la trayectoria.** Retained
down-range velocity

Velocidad turbulenta. Turbulent
  velocity
Velocidad umbral. Threshold
  velocity
**Velocidad umbral (límite) de
  penetración de la piel.** Skin
  penetration threshold velocity
Velocidad uniforme. Uniform
  speed
Vena de aire. Air stream
Vena fluida. Jet
Ventana de inspección. Inspection
  window
Víctima pretendida. Intended
  victim
Viraje. Swerve
Virola. Ferrule
Viruta de metal ferroso brillante.
  Bright ferrous metal swarf
Visor de punto rojo. Red-dot sight
Visor óptico. Telescope
**Volcamiento de la bala de punta
  a punta.** Bullet tumbling end over
  end
Volumen temporal de la cavidad.
  Temporary cavity volume
Volumen libre en la recámara.
  Ullage
Vuelco de segmentos de chorros.
  Tumbling of the jet segments
Vuelo casi horizontal. Near-level
  flight
Vuelta. Spire

W

Wadcutter. Wadcutter

X

Xam. Xam

Y

Yaw. Yaw
Yunque. Anvil (steel flint lock)

Z

Zapa. Shark-skin
Zinc. Zinc
Zirconio. Zirconium
Zona. Web (beavertail)
Zona a lo largo de la trayectoria.
  Downrange
Zona de compresión. Compression
  zone
Zona de reacción. Reaction zone
Zona de reacción estable. Steady
  reaction zone
Zona de vigilancia. Surveillance
  zone
Zona desmenuzada o triturada.
  Comminuted zone

Nombres Populares de Armas de Fuego en Español

Slang Names of Firearms in Spanish

ARMAS DE FUEGO EN GENERAL
Chanate (M4 Carbine with grenade
  launcher)
Cacariza
Cocona
Copa de oro
Cuerno de chivo (AK 47)
Cuernos (AK 47)
Cuete (deformación de la palabra
  cohete)
Fierro
Fogón
Fusca
Herramienta
Huevos de Toro (Beta C-Mag
  double drum magazine)
Justa
La copera
La de matar
La fría caliente
La Juana sorda
La negra
La patada
Maiz prieto (acento ortográfico
  omitido intencionalmente)
Matona
Matraca
Metra (armas automáticas)
Palo de fuego
Resortera
Saca caca
Silla
Taka taka
Tartamuda (armas automáticas)
Tiburoncito
Tirapapas
Tirolesa
Tizón
Tola (pistolas)

Tronas

ESCOPETAS
La copera (escopeta recortada)
Retrocarga

TIROS O BALAS
**Cacahuates, canicas, piedras,
plomazo, tenis**

COLOMBIA
Cuete
Fierro
Fría o frío
Niñas
Tartamuda
Tola (pistolas)
Totes

GUATEMALA
Cuete
Mecha

VENEZUELA
Pepazo (balazo)

NICARAGUA
Bastón chino (RPG)
Cañas huecas (nombre dado al
  ejército también)
Cola de gallo (AK 47)
Cuete

HONDURAS
Cuete
Fierro
Tizón
Chimba (Zip Gun)

TERMINOLOGÍA DE ADN Y SEROLOGÍA

DNA AND SEROLOGY TERMINOLOGY

A

Ácido. Acid
Ácido desoxirribonucleico (ADN). Deoxyribonucleic acid (DNA)
Ácido nucleico. Nucleic acid
Ácido ribonucleico (ARN). Ribonucleic Acid (RNA)
Ácido ribonucleico mensajero (ARNm). Messenger ribonucleic acid (mRNA)
Acierto aleatorio. Random match
Acierto del ofensor. Offender hit
Acierto forense. Forensic hit
Adenina. Adenine
ADN genómico. DNA-Genomic
ADN nuclear. Nuclear DNA
Agente de unión de ADN. DNA-binding agent
Aglutinación. Agglutination
Agrupamiento. Binning
Alcalino. Alkaline
Alcohol. Alcohol
Alelo. Allele
Amelogenina. Amelogenin
Aminoácido. Amino acid
Amplicón. Amplicon
Amplificación. Amplification
Amplificación de gen. Gene amplification
Análisis Southern. Blot-Southern
Análisis Western. Blot-Western
Anticuerpo. Antibody
Antígeno. Antigen
Antígeno leucocito humano (ALH). Human leukocyte antigen (HLA)
Antisuero. Antiserum

Apagador. Quencher
Apareamiento de bases. Base pair
Apéndice de secuencia expresada. Expressed sequence tag
Aseguramiento de calidad. Quality assurance
Asociación. Linkage
Autoclave. Autoclave
Autorradiograma. Autoradiogram

B

Base. Base
Biblioteca de genes. Gene library
Blanco del ácido nucleico. Nucleic acid target
Bootstrapping. Bootstrapping
Buffer. Buffer

C

Calibrador. Calibrator
Cariotipo. Karyotype
Catalizador. Catalyst
Célula. Cell
Célula donante. Donor cell
Célula somática. Somatic cell
Centrosoma. Centrosome
Cepa. Strain
Chip. Chip
Ciencias forenses. Forensic science
Cigoto. Zygote
Citoplasma. Cytoplasm
Citosina. Cytosine
Clon. Clone
Codominancia. Co-dominance
Codón. Codon

Codón de terminación.
Termination codon
Codón sin sentido. Nonsense codon
Coeficiente de endogamia.
Inbreeding coefficient
Coeficiente de parentesco. Kinship
coefficient
Coenzima. Coenzyme
Cofactor. Cofactor
**Complejo de histocompatibilidad
mayor.** Major histocompatibility
complex (MHC)
Complementario. Complementary
**Componente específico en un
grupo.** Group specific component
(GC)
Compuesto. Compound
Confiabilidad. Reliability
Contaminación. Contamination
Contaminación cruzada. Cross
contamination
Conteo directo. Direct count
Control de calidad. Quality control
Control endógeno. Endogenous
control
Control exógeno. Exogenous
control
Controles. Controls
Cuantización absoluta. Absolute
quantitation
Criterio. Criterion
Cromatina. Chromatin
Cromosoma. Chromosome
Cromosoma X. X-Chromosome
Cromosoma Y. Y-Chromosome
Curva de fusión. Melting curve
Curva estándar. Standard curve

D

Degeneración. Degeneracy (of the
genetic code)
Degradación. Degradation
Dermis. Dermis
Desconocido. Unknown

Desequilibrio de enlace. Linkage
disequilibrium
Desnaturalización. Denaturation
Desoxirribosa. Deoxyribose
Digenético. Digenic
Dilución serial. Serial dilution
Diploide. Diploid
Dominante. Dominant
Duplicación. Replication

E

Eficiencia de la reacción.
Efficiency of the reaction
Ejemplar. Exemplar
Electroferograma.
Electropherogram
Electroforesis. Electrophoresis
Electroforesis capilar. Capillary
electrophoresis
Endógeno. Endogenous
Endonucleasa de restricción.
Restriction endonuclease
Energía. Energy
Energía cinética. Kinetic energy
Enlace de disulfuro. Disulfide bond
Enlace de hidrógeno. Hydrogen
bond
Enlace péptido. Peptide bond
Entrecruzamiento. Cross over,
crossing over
Enzima. Enzyme
Enzima de restricción. Restriction
enzyme
Enzima extracelular. Extracellular
enzyme
Epidermis. Epidermis
Equilibrio de Hardy-Weinberg.
Hardy-Weiberg Equilibrium
Equilibrio de enlace. Linkage
equilibrium
Equipo de un solo uso. Single-use
equipment
Error aleatorio. Random error
Error de casualidad. Chance error

Escala de medición. Measurement scale
Estándar. Standard
Estéril. Sterile
Eucarionte. Eucaryote
Evidencia. Evidence
Evidencia frágil. Fragile evidence
Exclusión. Exlcusion
Excreción corporal. Biological fluid
Exógeno. Exogenous
Exón. Exon
Extintor. Quencher

F

Fenol. Phenol
Fenotipo. Phenotype
Filtración. Filtration
Flora. Flora
Fluido biológico. Biological fluid
Frotar. Smear (verbo)
Frotis. Smear (sust)

G

Gameto. Gamete
Gel. Gel
Gen. Gene
  g. alélico. allelic g.
  g. autosómico. autosomal g.
  g. de control. control g.
  g. de histocompatibilidad g.h. histocompatibility g., H g.
  g. de inmunorrespuesta. immune response g.'s
  g. de transferencia. transfer g.'s
  g. dividido. split g.
  g. dominante. dominant g.
  g. estructural. structural g.
  g. holándrico. holandric g.
  g. letal. lethal g.
  g. ligado a X. X- linked g.
  g. ligado a Y. Y-linked g.
  g. ligado al sexo. sex-linked g.
  g. mímico. mimic g.
  g. mitocondrial. mitochondrial g.
  g. modificado. modifier g.
  g. mutante. mutant g.
  g. operador. operator g.
  g. penetrador. penetrant g.
  g. pleitrópico. pleitropic g.
  g. polifénico. polyphenic g.
  g. recesivo. recessive g.
  g. regulador. regulator g.
  g. represor. repressor g.
  g. saltarín. jumping g.
  g. situado en un cromosoma X. X- linked g.
  g. supresor. suppressor g.
  g. transformador. transforming g.
Genética. Genetics
Genoma. Genome
Genoma mitocondrial. Genome-mitochondrial (mt)
Genotipo. Genotype
Glicoforina A. Glycohorin A (GYPA)
Grupo técnico de trabajo para métodos de análisis de ADN. Technical Working Group for DNA Analysis Methods (TWGDAM)

H

Haploide. Haploid
Haplotipo. Haplotype
Hebra adelantada. Leading strand
Hebra retrasada. Lagging strand
Hemoglobina G. Gama Globina. Hemoglobin G. Gammaglobin (HBGG)
Herencia. Heredity
Heterocigoidad. Heterozygosity
Heterocigote. Heterozygote
Heterocigótico. Heterozygous
Heterogeneidad alélica. Heterogeneity-allelic

Heterogeneidad genética.
Heterogeneity-genetic
Heteroplasmia. Heteroplasmy
Hibridización. Hybridization
Hibridización del ácido nucleico.
Nucleic acid hybridization
Hipervariable. Hypervariable
Hipótesis. Hypothesis
Hipótesis alterna. Alternative
Hypothesis
Hipótesis nula. Null hypothesis
Histograma. Histogram
Histonas. Histones
Homólogo. Homologous
Hongo. Fungi
Huella digital de ADN. DNA
fingerprint

I

Identificación genética. DNA
fingerprint
In vitro. In vitro
Inclusión. Inclusion
Inconcluso. Inconclusive
Independencia. Independence
Indicador. Marker
Inerte. Inert
Intervalo de confianza. Confidence
interval, confidence limit
Intrón. Intro
Ión. Ion

L

Leucocito. Leukocyte
Límite. Boundary
Limite de confianza. Confidence
interval, confidence limit
Línea base, línea de referencia.
Baseline
Lisis. Lysis
Locus (plur. = loci). Locus (plur. = loci)
Luz visible. Visible light

M

Manchado. Blot
Marcador. Marker
Membrana del núcleo. Nuclear
envelope
Membrana del plasma. Plasma
membrane
Metabolismo. Metabolism
Micrón. Micron
Microorganismo. Mircroorganism
Microscopio compuesto de luz.
Compound light microscope
Microscopio de contraste de fase.
Phase-contrast microscope
**Microscopio de fluorescencia
(fluorescente).** Fluorescent
microscope
Mitocondria. Mitochondria
Mitosis. Mitosis
Moho. Mold
Molécula. Molecule
Morfología. Morphology
Muestra controlada. Control sample
Muestra de eliminación.
Elimination sample
Multifactorial. Multifactorial
Multiplicado. Multiplexing
Mutación. Mutation
Mutación de estructura. Frameshift
mutation
Mutación espontánea. Spontaneous
mutation
Mutación Missene. Missene
mutation
Mutágeno. Mutagen

N

Nanogramo. Nanogram
Nomenclatura. Nomenclature
Norma. Standard
Núcleo. Nucleous
Nucleótido. Nucleotide

Número variable de repeticiones en tándem. Variable number of tandem repeats (VNTR)

O

Organelos. Organelles

P

Parcialidad. Bias
Péptido. Peptide
Perfil de ADN. DNA profile
Perímetro. Boundary
Pirimidina. Pyrimidine
Plasma. Plasma
Poligénico. Polygenic
Poliindicador. Polymarker (PM)
Polimerasa. Polymerase
Polimorfismo. Polymorphism
Polimorfismo de longitud de fragmento de restricción. Restriction Fragment Length Polymorfism (RFLP)
Posición de restricción. Restriction site
Potencial hidrógeno (PH). Potential Hydrogen (PH)
Primeros interventores. First responders
Probabilidad de coincidencia al azar. Random match probability
Procariote. Procaryote
Producto. Product
Proporciones de Hardy-Weinberg. Hardy-Weinberg Proportions
Proteína. Protein
Prueba. Evidence
Prueba de control sin método. Random control test
Prueba del manchado de Southern. Southern blot
Prueba del manchado de Western. Blot-Western

Punto de mutación. Mutation point
Purinas. Purines

Q

Queratina. Keratin

R

Radiación ultravioleta. Ultraviolet (UV) radiation
Rasgo dominante. Trait-dominant
Rasgo recesivo. Trait-recessive
Rastro de evidencia. Trace evidence
Reacción en cadena de la polimerasa. Polymerase Chain Reaction (PCR)
Reacción en cadena de la polimerasa de ciclo rápido y tiempo real. Rapid-cycle real-time PCR
Reacción química. Chemical reaction
Reacción sintética. Synthesis reaction
Recesivo. Recessive
Recolectar. Collect
Recombinación. Recombination
Referencia. Reference
Referencia pasiva. Passive reference
Repeticiones cortas en tándem. Short Tandem Repetitions (STR)
Repeticiones en tándem. Tandem repeats
Reproducción. Replication
Ribosa. Ribose
Ribosomas. Ribosomes

S

Secuencia de ADN. DNA sequence
Secuenciamiento. Sequencing
Serología. Serology

Sistema de índice de ADN combinado (CODIS). Combined DNA Index System (CODIS)
Sistema de índice de ADN local. Local DNA Index System (LDIS)
Sistema estatal de índice de ADN. State DNA Index System (SDIS)
Solubilidad. Solubility
Solvente. Solvent
Sonda. Probe
Sonda de ADN. DNA probe
Sonda de hibridización. Hybridization probe
Sonda de hidrólisis. Hydrolisis probe
Sonda en un solo locus. Single-locus probe
Sustitución de bases. Base substitution
Sustratos. Substrates

T

Tasa de mutación. Mutation rate
Tecnología recombinante de ADN. Recombinant DNA technology
Telómero. Telomere
Teoría celular. Cell theory
Tinción de Gram. Gram stain
Traducción. Translation

Trascripción. Transcription
Trifosfato de adenosina. Adenosine triphosphate (ATP)

U

Ubicación del terminador. Terminator site
Umbral. Threshold
Unión. Linkage
Unto. Smear (sust)
Untar. Smear (verbo)
Uracilo. Uracil

V

Validez. Validity
Valor de línea de referencia. Baseline value
Variación genética. Generic variance
Vector. Vector
Vínculo. Linkage

Z

Zigoto. Zygote

TERMINOLOGÍA DE HUELLAS DIGITALES

FINGERPRINTS TERMINOLOGY

A

Antraceno. Anthracene
Antropometría. Anthropometrics
Aparato de mano en forma de varita. Hand-held wand-shaped gadget
Archivo decadactilar. Fingerprint file
Arco. Arch
Arco plano. Plain arch
Arco tendido. Tented arch

B

Bifurcación. Bifurcation
Bióxido de manganeso. Manganese dioxide
Blanco de plomo. Lead carbonate (white lead ore, cerusite)
Blanquíbolo. Lead carbonate (white lead ore, cerusite)
Borroso(a). Fuzzy (image)
Brocha magnética. Magnetic brush

C

Caja de humo. Smoke box
Cámara de humo. Smoke chamber
Cara palmar (de las manos). Palm of the hands
Carácter individual. Individual feature

Carbonato de plomo. Lead carbonate (white lead ore, cerusite)
Cartucho. Cartridge
Cerda. Bristle
Cerusa, cerusita. Lead carbonate (white lead ore, cerusite)
Cianoacrilato. Cyanoacrylate (Super Glue)
Cifra. Figure (numeral)
Cloruro. Chloride
Cloruro de plata. Silver chloride
Cloruro de sodio (sal de mesa). Sodium chloride
Congénita. Congenital
Cotejo papilar. Papillary comparison
Crestas. Hills
Crestas papilares. Fingerprint ridges, friction ridges
Cúbito (hueso del antebrazo). Ulna

D

Dactilograma. Fingerprint
Dactiloscopia. Dactiloscopy
Decadactilograma. Ten-finger set of prints
Delta. Delta
Depresión. Depression, furrow, groove, valley
Dermis. Dermis
Dibujo. Pattern
Dibujo de huellas dactilares. Fingerprint pattern
Dibujo de las crestas. Ridge pattern

Diversiforme. Diverse (or made of various forms)

E

Escaneado. Scanned
Escanear. Scan
Experticia papilar. Papillary expertise

F

Ficha dactiloscópica. Fingerprint card
Fondo. Background
Fragmento. Island (short ridge)

G

Glándula sudorípara. Sweat gland
Grafito. Graphite
Guarismo. Figure (numeral)

H

Hidrato de triketohidrindeno. Triketohydrindene hydrate, ninhydrin
Hidróxido de sodio. Sodium hydroxide
Huella azul-morada. Purple-blue print
Huella digital parcial. Partial fingerprint
Huella digital. Fingerprint
Huella dubitada. Crime scene print
Huella indubitada. Exemplar prints (fingerprint deliberately collected from a subject)
Huella motivo de la comparación. Exemplar prints (fingerprint deliberately collected from a subject)
Huella parcial. Partial print

Huella latente. Latent (invisible) print
Huella moldeada. Plastic print
Huella patente (visible). Patent print
Huella plástica. Plastic print
Huella por adición (sangre, etc.) Fingerprint by addition
Huella por sustracción. Lifted fingerprint
Humo de yodo. Iodine fuming

I

Identificación de huellas dactilares. Fingerprint identification
Inalterable. Unchangeable
Inmutabilidad. Immutability
Instituto Nacional de Estándares y Tecnologías (EEUU). National Institute of Standards and Technologies-NIST

L

Láser revelador de huellas. Fingerprint revealing laser
Lazo. Loop, single loop
Lazo central del bolsillo. Central pocket loop whorl
Lazo gemelo. Double loop
Lazo hermanado. Double loop whorl
Levantamiento de huellas. Fingerprint lifting
Licopodio. Lycopodium
Limpiar (la imagen). Clean up (the image)

M

Mejorar. Improve (the image)

Monóxido de cobalto. Cobalt monoxide
Morfología papilar. Papillar morphology

N

Ninhidrina. Ninhydrin (triketohydrindene hydrate)
Nítida (imagen). Sharp (image)
Nitrato de plata. Silver nitrate
Número. Figure (numeral)

O

Oblicuo. Oblique
Oficina nacional de estándares (EEUU). National Bureau of Standards-NBS
Ojal. Enclosure (lake)
Ortosilicato de cinc. Zinc Orthosilicate
Óxido de cinc. Zinc oxide
Óxido de cobalto. Cobalt oxide

P

Palma de las manos. Palm of the hands
Panel luminoso. Illuminated screen
Papel fotográfico blanco y negro. Black-and-white photographic paper
Papila. Papilla (papillae-plural)
Perennidad. Perenniality
Planta de los pies. Plant of the feet
Plombagina. Graphite
Polvo de aluminio. Aluminum powder
Polvo magnético. Magnetic powder
Polvos fluorescentes. Fluorescent powders
Preciso. Accurate

Presilla externa. Ulnar loop
Presilla interna. Radial loop
Presilla radial. Radial loop
Proceso de comparación. Matching process
Proceso de revelado. Developing process
Pulpaje dactilar. Finger pulpa, digital pulpa
Punto. Dot
Puntos característicos. Ridge characteristics (minutiae)

R

Radio (hueso del antebrazo). Radius
Rasgo común. Common trait
Rayo láser ión-argón. Ion-argon laser beam
Reactivo fluorescente. Fluorescent reactive
Realzar (la imagen). Enhance (the image)
Relieve epidérmico. Epidermic relief
Rizoma de hidrastis pulverizado. Pulverized hidrastis rhizome

S

Sangre de dragón. Dragon's blood
Sistema automatizado de identificación dactilar (EEUU). Automatic Fingerprint Identification System-AFIS (USA)
Sistema crestal. Ridgeline
Sistema dactiloscópico. Fingerprint system
Sistema Henry. Henry System
Solución de eucomalaquita de éter. Ether euchomalachite solution

Soportes (superficie sobre la cual aparece la huella). Surface
Subcarbonato de bismuto. Bismuth sub carbonate
Subsistema de comparación. Comparison subsystem
Subsistema de entrada. Entry subsystem
Sulfato bárico. Barium sulfate
Sulfuro amónico. Ammonium sulfide
Sulfuro de cinc. Zinc sulfide
Surcos del pulpejo digital. Fingertip pulp depressions
Surcos interpapilares. Interpapillary depressions
Surco. Depression, furrow, groove, valley

T

Tinte fluorescente. Fluorescent dye
Torbellino. Plain whorl, whorl

Torbellino accidental. Accidental whorl
Torbellino de sistema de crestas. Whirlpool of ridgelines
Trazo en relieve. Relief line
Trifurcación. Trifurcation

V

Variedad estructural. Structural variety
Varita. Wand
Verticilo. Plain whorl, whorl
Verticilo. Accidental whorl

Y

Yodo. Iodine
Yodo cristalino sólido. Solid crystal iodine
Yodo metaloide. Metalloid iodine

REFERENCE MATERIALS

MATERIALES CONSULTADOS

Carlucci, Donald E. and Sidney S. Jacobson. (2008) *Ballistics Theory and Design of Guns and Ammunition*. Boca Ratón, FL. CRC Press.

Ferreyro, María Fernanda. (2007) *Balística manual, peritajes balísticos, metodologías*. Montevideo-Buenos Aires. Editorial B de F.

Hartink, A.E. *Enciclopedia de pistolas y revólveres*. Madrid. Edimat Libros, S.A.

Hartink, A.E. (2002) *The Complete Encyclopedia of Pistols and Revolvers*. Edison, NJ.
Cartwell Books, Inc.

Jones, Richard. "Drug Cartels, Military Groups, Politicians: A Deadly Mix." in *El Hispanic News*. Portland, OR, March 2012.

Lyle, D.P., MD. (2004) *Forensics for Dummies*. Hoboken, NJ. Wiley Publishing.

Moreno González, L. Rafael, Dr. (2006) *Balística forense*. México. Editorial Porrúa.

Quiróz Cuarón, Alfonso. (1999) *Medicina forense*. México. Editorial Porrúa.

Reyes Calderón, José Adolfo. (2005) *Tratado de criminalística*. México. Cárdenas Velasco Editores.

Warlow, Tom. (2005) *Firemarms, the Law and Forensic Ballistics*. Boca Ratón, FL.
CRC Press.

SITIOS DE INTERNET

"DNA INITIATIVE. Advancing Criminal Justice through DNA Technology."
http://www.dna.gov/

"Fingerprints and Other Biometrics." The Federal Bureau of Investigation.
   http://www.fbi.gov/about-us/cjis/fingerprints_biometrics

"Huella dactilar." Wikipedia La Enciclopedia Libre.
   http://es.wikipedia.org/wiki/Huella_dactilar

"Identificación biométrica con huellas digitales." Ciberhábitat. Ciudad de la
   Informática.
   http://www.ciberhabitat.gob.mx/hospital/huellas/tectos/identificación.
   htm

"LAS ARMAS. La mayor base de datos sobre las armas en español.
   http://www.lasarmas.com

www.ingramcontent.com/pod-product-compliance
Lightning Source LLC
Chambersburg PA
CBHW020524290526
45786CB00002B/746